Systemtheorie

W0040602

eva wissen

Christian Schuldt,
geboren 1970 in Hamburg, studierte Anglistik, Soziologie und
Germanistik in Hamburg und Newcastle. Heute lebt er als Redakteur
und Autor in Berlin. Weitere Publikationen: »Der Code des Herzens«
Frankfurt / M. 2005, »Selbstbeobachtung und die Evolution des
Kunstsystems« Bielefeld 2005.

Christian Schuldt

Systemtheorie

eva wissen

Europäische Verlagsanstalt

Inhalt

Wer hat Angst vor Niklas Luhmann?

»Mein Projekt lautete damals und seitdem: Theorie der Gesellschaft; Laufzeit: 30 Jahre; Kosten: keine.« Mit ironischem Pathos eröffnete Niklas Luhmann 1997 sein Opus Magnum »Die Gesellschaft der Gesellschaft«. Die Kosten trägt seitdem wohl eher die Soziologie, denn mit Luhmann starb knapp ein Jahr später, am 6. November 1998, ihr einflussreichster und brillantester Theoretiker.

Alles oder nichts: Allround-Anspruch mit System

Niklas Luhmanns Lebenswerk ist gekennzeichnet von einer fast schon unheimlichen Produktivität. Erst 1984, im Alter von 57 Jahren, zeichnete der Ex-Verwaltungsbeamte in seinem ersten Hauptwerk »Soziale Systeme« den Grundriss seines imposanten Theorietempels: 680 Seiten Basisarbeit in Sachen Systemtheorie, die Luhmann später als »Einleitung« bezeichnete. Daneben existieren sechs Bände mit Aufsätzen zum Thema »Soziologische Aufklärung«, vier Bände zum Komplex »Gesellschaftsstruktur und Semantik«, rund 50 Monografien sowie mehrere hundert Aufsätze. Noch kurz vor seinem Tod soll Luhmann ganze 20 weitere Bücher in Planung gehabt haben – eine »Theorie als Passion«, wie schon der Titel einer Anthologie zu Luhmanns 60. Geburtstag verkündete.

Ohne Zweifel ist Luhmann zur Gilde jener Theorie-Titanen zu zählen, die mit ihrem Gedankengut vieles vor ihnen Gedachte zum Einsturz brachten. Erst spät und über Umwege fand der Verwaltungsjurist zur Soziologie. Dann aber dissertierte und habilitierte Luhmann nach nur einem Semester Studium und entwickelte seine funktional-strukturalistische Systemtheorie quasi im Alleingang zur Metatheorie, unter Einbeziehung von Erkenntnissen aus Biologie und Evolutionstheorie, Kybernetik und Maschinentheorie, Informatik und Neurobiologie sowie anhand einer

Gegen den Strom
»Die gängigen wissenschaftstheoretischen Vorschriften, die festlegen, wie man denken muss, sind für mich schwer zu akzeptieren.«
Luhmann, »Archimedes und wir«, 150

abenteuerlichen Fülle historischer, literarischer und wissenschaftlicher Verweise.

Keiner der klassischen Großsoziologen, von Max Weber bis Talcott Parsons, hat ein Denksystem entwickelt, das in Sachen Komplexität und Stringenz auch nur annähernd mit Luhmanns Theorie sozialer Systeme mithalten könnte. Eher ließe sich Luhmanns Werk mit dem eines Hegel oder Nietzsche vergleichen. Wie Hegel fand Luhmann für seine Zeit ein Weltbild, das er in schillernde Begriffe fasste; wie Nietzsche praktizierte er eine Art »fröhliche Wissenschaft« mit anarchischem Potenzial. Luhmann ging es nicht um eine Auseinandersetzung mit der soziologischen Tradition, sondern um die Konstruktion eines eigenen Begriffssystems. Mit seiner Systemtheorie hat Luhmann eine universale Theorie geschaffen, einen Beobachtungsapparat, mit dem alles Soziale erfasst werden kann. Mit einem solchen Allround-Ansatz verbindet sich aber kein imperialistischer Anspruch auf Absolutheit. Die Systemtheorie behauptet

All inclusive
»Ich finde eben, dass es von einer Gesellschaftstheorie aus möglich sein muss, alles zu behandeln, was in einer Gesellschaft passiert.«
Luhmann, »taz«-Interview 18./19.1.1997

also nicht, die »einzig wahre« Theorie zu sein. Aber das Abzielen auf eine umfassende Weltbeschreibung schafft eine Autonomie, die der Theorie eine hohe Flexibilität und große Originalitätsgewinne garantiert.

Aus diesem Universalitätsanspruch folgt auch, dass die Theorie selbst als ihr eigener Gegenstand vorkommen muss: Wenn sie alles beschreibt, beschreibt sie auch sich selbst. Die Paradoxien dieses selbstreferenziellen Theoriedesigns spiegelt der tautologisch anmutende Titel von Luhmanns Hauptwerk »Die Gesellschaft der Gesellschaft«. Mit diesem 1200-seitigen Opus stellte Luhmann das Grundgerüst des wohl imposantesten Theoriegebäudes auf soziologischem Terrain fertig. Vorangegangen war in Dutzenden von Büchern und Hunderten von Aufsätzen der Entwurf einer Theorie, die in ihrer Ausgefeiltheit, ihrer historischen Reichhaltigkeit und ihrer praktisch unbegrenzten Reichweite heute ohne Beispiel ist.

Seit ihrem Erscheinen in den späten Sechzigern ist Luhmanns

Theorie zu einer »Supertheorie« avanciert, die in den verschiedenen Gesellschaftsbereichen Spuren hinterlassen hat und weiter hinterlässt. Der Grund für diese Popularität liegt auf der Hand bzw. im Auge des Betrachters: Aufgrund ihres hohen Abstraktionsgrades und ihrer begrifflichen Komplexität kann die Systemtheorie immer und überall für fruchtbare Erkenntnisse sorgen. Sie macht die scheinbar unterschiedlichsten Dinge vergleichbar, ohne dabei ihren eigenen Beobachtungsstandpunkt zu verschleiern – alle Beobachtungen der Systemtheorie sind immer auch Selbstbeobachtungen.

Diese komparatistische Komponente macht die Systemtheorie so attraktiv: Der Abschied von jahrhundertealten Denkmodellen eröffnet neue Kombinationsmöglichkeiten zwischen Dingen, die zunächst nichts miteinander zu tun zu haben scheinen, etwa Liebe und Kunst oder Einzeller und Interaktionen.

Contra Luhmann: Systemtheorie als Störenfried

Gegner der Systemtheorie sehen in dieser Präferenz für das neutrale Beobachten und die Skepsis gegenüber einem allzu forschen Eingreifen in gesellschaftliche Prozesse vor allem ein moralisches Defizit. Sie fühlen sich auf den normativen Schlips getreten. Derartige Vorurteile tragen dazu bei, Verständnisbarrieren gegenüber der Systemtheorie aufzubauen. Einen solchen Effekt hat auch der unausrottbare Vorwurf, Luhmanns Theorie sei »unmenschlich«. In der Tat besteht die Gesellschaft laut Luhmann nicht aus Menschen, sondern aus Kommunikationen: Nur die Kommunikation kann kommunizieren, nicht aber der Mensch. Kommunikation bildet ein selbstreferenzielles System: ein System, das seine Elemente und Strukturen selbst erzeugt und ausschließlich eigenen Regeln folgt. Damit erklärt Luhmann zwar das alteuropäische Konzept des Subjekts für tot – doch das bedeutet keinesfalls, dass der Mensch deshalb »weniger« leben würde. Im Gegenteil: Luhmann liefert eine weitaus differenziertere Beschreibung des Menschen, indem

Mensch, ärgere dich nicht!
»Es ist eine Konvention des Kommunikationssystems Gesellschaft, wenn man davon ausgeht, dass Menschen kommunizieren können.«
Luhmann, »Wie ist Bewusstsein an Kommunikation beteiligt?«, 37

er ihn als eine Art Schnittstelle definiert, an der sich verschiedene Systemtypen begegnen. Die prominentesten sind das psychische System (Bewusstsein), das organische System (Organismus) und soziale Systeme (Kommunikation). Jedes dieser Systeme ist »operativ geschlossen«: Weder kann man die Gedanken anderer Bewusstseine lesen noch die chemischen Vorgänge wahrnehmen, die das Funktionieren des eigenen Gehirns ermöglichen, noch kommunikative Prozesse direkt beeinflussen. Systeme sind Selbstbestimmer.

Mit der Unterscheidung zwischen Kommunikation und Bewusstsein »befreit« Luhmann den Menschen also gleichsam aus den geistigen Gefängnissen gesellschaftlicher Vorgaben – solchen, die Luhmanns Gegner unter dem Banner von Konsens und Kritik noch immer errichten möchten. Die Systemtheorie dagegen verweist von sich aus auf die blinden Flecken jeder Beobachtung: Man kann nicht sehen, was man nicht sieht, wenn man sieht, was man sieht. Dieser Verweis auf die Unbeobachtbarkeit des eigenen Beobachtens führt eindimensionale Beschreibungen ad absurdum. Das ermöglicht ein differenzierteres Verständnis der Gesellschaft – und damit auch des Menschen.

Ein weiteres Rezeptionshindernis bildet die abstoßende Aura, die den Begriff »System« umgibt: Diese Vokabel assoziiert unschöne Dinge wie Kälte, Totalitarismus oder Funktionalismus. Luhmanns Systembegriff impliziert jedoch keineswegs eine Ordnung, die es herzustellen oder aufrechtzuerhalten gilt. Im Gegenteil: Selbstreferenzielle Systeme sind zwar geschlossene Systeme, doch diese Geschlossenheit ist zugleich Voraussetzung für die Offenheit gegenüber ihrer jeweiligen Umwelt. Systeme sind immer nur Systeme in Differenz zu einer Umwelt: ohne Umwelt kein System. Wo also der Systembegriff Einheitlichkeit suggeriert, operiert Luhmann grundsätzlich mit Differenzen. Insofern wäre die Systemtheorie auch zutreffender als »System-Umwelt-Differenz-Theorie« zu bezeichnen.

Blindflug

»Diese Theorieanlage erzwingt eine Darstellung in ungewöhnlicher Abstraktionslage. Der Flug muss über den Wolken stattfinden, und es ist mit einer ziemlich geschlossenen Wolkendecke zu rechnen. Man muss sich auf die eigenen Instrumente verlassen.«

Luhmann, »Soziale Systeme«, 12f.

Abgesehen davon wartet Luhmanns Theorie aber auch mit einem hausgemachten Hindernis auf, nämlich einer schwierigen Theoriesprache. Die Luhmann-Language ist zwar kristallklar, virtuos und immer wieder ironisch, aber zugleich äußerst komplex und recht weit entfernt von der Alltagssprache. Begriffe wie »Autopoiesis«, »Kontingenz« oder »Komplexitätsreduktion« findet man, wenn überhaupt, im Fremdwörterduden, nicht aber im täglichen Leben. Das Gute aber ist: Gerade weil der Systemtheorie-Slang so komplementär zur Alltagssprache steht, ist er zugleich auch in der Lage, alles Alltägliche zu beschreiben.

Um ihr Erklärungspotenzial voll entfalten zu können, um Probleme beobachten und lösen zu können, muss die Theorie zunächst einmal selbst eine Eigenkomplexität aufbauen. Und das heißt auch: eigene Sprachformen entwickeln, die ein voreiliges Verstehen verhindern. Eine komplizierte Theoriesprache hat damit auch den Vorteil, Verfremdungseffekte zu erzielen. Gerade ein anfängliches Nichtverstehen macht dann ein Theorieverständnis mit Tiefenwirkung wahrscheinlicher.

Jeder Luhmann-Leser kennt die anfangs frustrierende, später umso erhellendere Erfahrung, dass Luhmanns Bücher erst nach einigen hundert Seiten ihre Wirkung entfalten, also eine gewisse epische Breite benötigen. Um Luhmanns Texte mit Gewinn lesen zu können – und um das Lesen kommt man nicht herum –, muss man sich auf die fremdartige Begrifflichkeit und das labyrinthische Theoriedesign einlassen. Dafür werden anfängliche Durststrecken später mit erfrischenden Erkenntnisgewinnen von ungeahnter Reinheit und Originalität belohnt. Hat man das theoretische Begriffsarsenal erst einmal antrainiert, wird sichtbar, dass und wie man mit Luhmann'scher Brille besser beobachten lernt.

Pro Luhmann: Systemtheorie als Passion

Die Grundfrage, die Luhmann stellt, lautet: Wie ist soziale Ordnung möglich? Wie kann so etwas Unwahrscheinliches wie die Gesellschaft entstehen? Die Antwort, die die Systemtheorie findet, ist ebenso unwahrscheinlich: durch verschiedene Formen von Kommunikation, die sich voneinander abgrenzen, eigene Hoheitsgebiete erobern – und genau damit die Einheit der Gesellschaft bilden.

So ist die moderne Gesellschaft, so viel sei vorweggenommen, durch funktionale Differenzierung gekennzeichnet: Innerhalb des Gesamtsystems Gesellschaft operieren eigenständige Funktionssysteme wie Wirtschaft, Recht, Kunst, die mit spezifischen Positiv/Negativ-Codes die Kommunikation filtern. Diese Funktionssysteme entscheiden eigenmächtig, welche Kommunikationen aneinander anschließen – und verwandeln damit unwahrscheinliche Kommunikation in wahrscheinliche Kommunikation. So simpel das zunächst scheinen mag, so hochkomplex und bis ins kleinste Detail hat Luhmann diesen Sachverhalt in seinem opulenten Œuvre durchleuchtet.

Weil Luhmanns Beobachtungen selbst so unwahrscheinlich scheinen, erzeugt die Lektüre seiner Texte vor allem eines: Staunen. Luhmann bricht gewohnte Sichtweisen auf und kehrt die vertraute Optik um. Aus systemtheoretischer Perspektive erscheint das Vertraute überraschend, wird das Alltägliche aufregend – und zugleich auf einem neuen, komplexeren Level plausibel. Man könnte Luhmann auch einen »Theoriekünstler« nennen, denn seine Beobachtung der Unwahrscheinlichkeiten im scheinbar Selbstverständlichen und des Vertrauten im scheinbar Abseitigen ähnelt der Funktion, die er selbst bei der Kunst beobachtet: die plausible Präsentation anderer Realitäten.

So sind Luhmanns Entzauberungen immer auch Wiederverzauberungen: Sie machen die alltäglichsten Dinge zu Mysterien, ohne sie zu mystifizieren. Und wahrscheinlich ist es dieser quasi

Schöner denken

»Ich denke manchmal, es fehlt uns nicht an gelehrter Prosa, sondern an gelehrter Poesie ... Vielleicht sollte es für anspruchsvolle Theorieleistungen eine Art Parallelpoesie geben, die alles noch einmal anders sagt und damit die Wissenschaftssprache in die Grenzen ihres Funktionssystems zurückweist.«

Luhmann, »Soziologische Aufklärung III«, 176f.

11

künstlerische Sog, diese irgendwie schräge Weltsicht, die die Systemtheorie so attraktiv macht und mitunter regelrechte Theorie-Junkies hervorbringt. Wer einmal gelernt hat, seinen Hund als »biologisches System« zu beobachten oder die Liebe als »symbolisch generalisiertes Kommunikationsmedium«, kann ein Leben lang systemtheoriesüchtig sein.

Dagegen erteilt Luhmann all jenen eine Absage, die sich ihre heimeligen Weltbilder unter Titeln wie »Ich«, »Gefühl«, »Authentizität«, »Universum« etc. selbst malen, allen, die hinter den moralischen Schutzschildern irgendwelcher Korrektheiten von vermeintlichen Fundamentalismen träumen. Durch die muffige Gemütlichkeit solch esoterischer Betroffenheitstempel weht die Systemtheorie als frische Brise aus Sachlichkeit und Skepsis. »Selbstverwirklichern« und anderen intellektuell Verirrten bietet sie damit die vielleicht einzig wirksame Therapie: Distanzierung und Selbstobjektivierung statt Engagement und Selbstsuche.

Das vorliegende Buch will eine ebenso lustvolle wie lehrreiche Lektüre bieten, ohne lediglich eine Trivialversion der Systemtheorie zu liefern. Es soll einen Zugang zum Luhmann'schen Theoriepalast eröffnen, der erfolgreiche Anschlusskommunikationen wahrscheinlicher macht – idealerweise natürlich die Lektüre von Luhmann-Texten. Das Setzen eines Anfangs ist dabei ebenso schwierig wie potenziell beliebig, schließlich gleicht das Theoriedesign selbst einem komplexen Netzwerk. Die Systemtheorie baut zwar auf zentraleren und weniger zentralen Unterscheidungen auf, doch letztlich hängt alles mit allem zusammen und verweist ständig aufeinander.

Der hier gewählte Aufbau kann daher nur ein Kompromiss sein, aber immerhin einer mit »System«. Zunächst geht es um die Zentralfigur systemtheoretischen Denkens: Selbstreferenz. Ein kurzer Besuch im »Wunderland der Selbstreferenz« soll den Weg ebnen für den folgenden Eintritt ins Labyrinth der Systemtheorie. In diesem Hauptteil wird der »Grundriss des Labyrinths« anhand

Nicht nett

»(Es gibt) nette, hilfsbereite Theorien und solche, die durch das Wahrscheinlichwerden des Unwahrscheinlichen faszinierend sind. Die erstgenannte Variante hat die Tradition für sich, die zweite drängt sich auf, sobald man explizit fragt, wie soziale Ordnung möglich ist.«

Luhmann, »Soziale Systeme«, 164

der zentralen systemtheoretischen Begriffe und Grundannahmen vorgestellt. Zweien davon, Kommunikation und Beobachtung, ist im Anschluss daran jeweils ein Sonderkapitel gewidmet.

Der darauf folgende Vergleich der Systemtheorie mit ihren »Kontrahenten und Verbündeten« soll das Verständnis der Theorie und ihres wissenschaftlichen Kontextes weiter schärfen. Danach geht es um die Person hinter der Theorie: die Biografie und das Wirken von Niklas Luhmann, dem »Herrn der Systeme« und Zettelkastenmeister. Am Schluss steht der Praxistest: Wie lässt sich Luhmanns Theorie alltagstauglich als »Theorie für alle Fälle« einsetzen? Hier soll die Beobachtung von Liebe, Kunst und Massenmedien einige Anhaltspunkte liefern.

Luhmann lesen ist nicht leicht – aber lohnt sich immer. Dieses Buch versucht, die Komplexität der Systemtheorie so zu reduzieren, dass sie zugänglicher wird, ohne zur »Systemtheorie light« zu werden. Neuankömmlinge sollen zur Luhmann-Lektüre motiviert werden, erprobte Systemtheorie-Sympathisanten erwartet eine Frischzellenkur in Sachen Basiswissen.

Das Wunderland der Selbstreferenz

Der Eintritt ins Reich der Systemtheorie gleicht einem Eintritt in eine andere Dimension: Man betritt eine Art spiegelverkehrte Welt, ein Universum voller Paradoxien und Widersprüche. Das erfordert – und erzeugt – eine neue, andersartige Sicht der Dinge.

»Explosivstoff Selbstreferenz«

Um sich im Labyrinth der Systemtheorie zurechtfinden zu können, muss man zunächst einmal einiges hinter sich lassen, was einem der Alltagsverstand antrainiert hat. Ein bisschen ist es so wie am Eingang zum magischen Theater in Hesses »Steppenwolf«, an dessen Pforte der verheißungsvolle Hinweis prangt: »Eintritt kostet den Verstand.«

Zum Glück kostet das Kennenlernen der Systemtheorie lediglich Konventionen – und schickt damit zugleich den Verstand auf ungeahnte Höhenflüge. Wer Angst hat vor intellektueller Überforderung und einem hochkomplexen Begriffssystem, der muss leider draußen bleiben. Wem es aber gelingt, den alltäglichen Beobachtungsballast über Bord zu werfen und sich den Kopf frei zu machen für eine anfangs wenig Vertrauen erweckende Sichtweise, der kann sich faszinieren lassen von einer multifunktionalen Begriffskombinatorik und überraschenden, gestochen scharfen Beobachtungsmöglichkeiten. Es heißt also Abschied nehmen von vielem, was bislang im Bereich soziologischer Theorie stattfand, und sich einlassen auf einen neuartigen Zugang zu sozialen Phänomenen.

Das Zauberwort, das dieser systemtheoretischen Verbindung aus Fremdartigkeit und Faszination zu Grunde liegt, lautet »Selbstreferenz«. Das heißt zunächst nichts weiter, als dass es in Luhmanns Theorie um Systeme geht, die sich in all ihren Aktionen und Reaktionen selbst beschreiben. Das selbstbezügliche Grundmuster systemtheoretischen Denkens folgt aus dem allumfassenden Anspruch der Theorie: Will sie alles Soziale in den Blick bekommen, muss sie zwangsläufig selbst Bestandteil der von ihr beobachteten Gesellschaft sein. Deshalb legt sie, anders als die meisten anderen Theorien, ihre eigenen Grundlagen, ihre eigene Perspektive offen.

Dieser offene Verweis auf das Sich-selbst-mit-Einbeziehen führt schnell in zirkuläre Abgründe. Veranschaulichen lässt sich das etwa mit selbstreferenziellen Sätzen wie »Dieser Satz ist nicht. Vollständig.« oder: nesel os nhi nam erdüw ,hcsiärbeH fua ztaS reseid eräW« – Aussage und Form spiegeln sich wechselseitig, sodass ein geschlossener Verweisungszirkel entsteht. Noch deutlicher wird die Vertracktheit solcher Selbstinklusionen im Falle von Paradoxien. Paradoxe Aussagen wie »Dieser Satz ist nicht selbstreferenziell« führen in die Unentscheidbarkeit: Sie enthalten zwei Werte, von denen jeder auf den anderen zurückverweist. Das Resultat ist ein unendliches Oszillieren zwischen den beiden Werten.

Dementsprechend eröffnet auch ein selbstreferenzielles Theoriedesign paradoxale Teufelskreise: Die Systemtheorie liefert eine Beschreibung des Systems im System, eine sich selbst mit beschreibende Beschreibung – anders kann sich eine universalistische Perspektive heute nicht mehr legitimieren. Daher kann die Luhmann-Lektüre mitunter einen ähnlichen Effekt auslösen wie das Betrachten eines Vexierbildes: Die Beobachtung flimmert hin und her, pendelt zwischen den Unterscheidungen.

Man kann dieses selbstreferenzielle Flimmern zelebrieren, indem man es immer weiter und weiter verfolgt. Das ist die Methode der Dekonstruktion (mehr zum Vergleich von Systemtheorie und Dekonstruktion im Kapitel »Kontrahenten und Verbündete«). Luhmann dagegen sucht zwar die Paradoxien – löst sie aber wieder auf: Er entfaltet sie, um Selbstblockaden zu vermeiden und seine Theorie ins Rollen zu bringen. Denn um selbstreferenzielle Situationen und paradoxe Positionen produktiv nutzen zu können,

Paradoxie macht Sinn

»Auch ein Widerspruch, auch eine Paradoxie hat Sinn. Nur so ist Logik überhaupt möglich. Man würde sonst beim ersten besten Widerspruch in ein Sinnloch fallen und darin verschwinden.«

Luhmann, »Soziale Systeme«, 138

außer sie bloß wahrzunehmen und als unendlichen Teufelskreis durchzuexerzieren, muss man sie »handhabbar« machen. Man muss sie entparadoxieren.

Wie funktioniert das? Die Systemtheorie wagt den entscheidenden Schritt nach vorn: Sie macht die grundlegende Paradoxie »unsichtbar«, indem sie sie in ihren Operationen entfaltet. Statt die Selbstreferenz ins Unendliche zu verfolgen, legt Luhmann los. Er zeigt, dass es keine Beobachtung ohne blinde Flecke geben kann. Mehr noch: Er zeigt, dass erst eine gewisse »Blindheit« Einsichten ermöglicht. Deshalb blendet Luhmann die Grundparadoxie aus und konzentriert sich auf die Operationen seiner Theorie. Die Frage lautet dann nicht mehr: Wie kann eine selbstreferenziell gebaute Theorie Universalität beanspruchen? Sondern: Welcher Mehrwert ergibt sich, wenn man diese Frage ausklammert und beobachtet, welche Resultate die Theorie hervorbringt?

Widerspruch erwünscht

»Wenn das soziale Leben selbst nicht logisch sauber arbeitet, lässt sich auch eine Theorie des Sozialen nicht logisch widerspruchsfrei formulieren.«

Luhmann, »Soziale Systeme«, 491

Betrachtet man also ein Liebespaar unter systemtheoretischer Lupe, geht es nicht darum, das »Wesen« der Liebe zu ergründen, sondern um die vielfältigen Erkenntnisse, die sich ergeben, wenn man das soziale System der Intimität mit Luhmanns Handwerkszeug erkundet. Der große Vorteil dabei ist: Die Einsichten, die dann über das »symbolisch generalisierte Kommunikationsmedium« der Liebe oder über den »symbiotischen Mechanismus« der Sexualität ans Tageslicht kommen, sind so fundiert, dass sie allgemein gültig sind – obwohl sie ihre eigene Relativität ständig mit einbeziehen.

Mit dieser bewussten »Funktionalisierung« des Paradoxieproblems macht die Systemtheorie sich selbst anschlussfähig. Zwar trägt sie sich wie Münchhausen am Schopfe ihrer eigenen Terminologie, aber sie ist sich dieser Paradoxie durchaus bewusst – und sie stützt sich auf zahlreiche Erkenntnisse wissenschaftlicher Nachbardisziplinen. Dieses Verständnis von Paradoxierung und Entparadoxierung liefert den eigentlichen Schlüssel zum Luhmann'schen Theoriepalast.

Eine solche »Letztfundierung« in einer Paradoxie, der selbstreferenzielle Ausgangspunkt, ist ein generelles Merkmal postmodernen Denkens. So lassen sich zahlreiche Paradoxie-Parallelen zu anderen selbstreferenziell strukturierten Wissenschaftstrends aufzeigen – von Chaostheorie über fraktale Geometrie bis hin zu »virtual realities«. Stets handelt es sich um Beschreibungen, die in Bereichen selbst erzeugter Unbestimmtheiten stattfinden. Weniger widersprüchlich scheint Erkenntnis heute nicht möglich zu sein.

Aller Anfang ist Differenz

Der doppelte Theorieboden der Systemtheorie, das gleichzeitige Offenlegen und Entfalten der Grundparadoxie, ermöglicht Beobachtungen, die weder in selbstreferenziellen Zirkeln noch in ontologischen Weltbildern hängen bleiben – die aber Resultate hervorbringen, die zugleich konstruktiv und realistisch sind. Wenn Luhmann also von selbstreferenziellen Systemen spricht, ist das zwar eine Aussage über die »Realität« von Systemen, aber es ist zugleich eine Aussage eines beobachtenden Systems – eine Aussage, mit der sich die Theorie sozialer Systeme selbst ins Rollen bringt.

Dass die Systemtheorie mit der erkenntnistheoretischen Tradition der Philosophie wenig am Hut hat, dürfte mittlerweile klar geworden sein. Im Gegenteil verlagert Luhmann den Erkenntnisstandpunkt vom Subjekt zurück in die beobachtete Realität und macht so die Theorie zum Bestandteil ihrer eigenen Gegenstände. Erst so können die systemtheoretische »Flughöhe« der Abstraktion, ihr Auflösevermögen und ihr Differenzierungspotenzial erreicht werden.

Deshalb kristallisiert sich Luhmanns Denken auch um die Konstruktion eines eigenen Begriffssystems, und nicht etwa um die Auseinandersetzung mit Fachtraditionen. Vom »Wiederaufwärmen und Immer-wieder-Abnagen der Knochen der Klassiker«

Powered by Paradox

»Die Letztfundierung in einem Paradox gilt als eines der zentralen Merkmale postmodernen Denkens. Die Paradoxie ist die Orthodoxie unserer Zeit.«

Luhmann, »Die Gesellschaft der Gesellschaft«, 1144

(Auw, 28) hielt Luhmann wenig. Eine Art geistige Verwandtschaft besteht dagegen, wie bereits erwähnt, mit dem spielerisch-anarchischen Denken Nietzsches und dem dialektischen Duktus Hegels. Mit Letzterem verbindet Luhmann auch in Sachen Theorie-Dimensionen einiges, und nicht umsonst hieß der Hegel-Preisträger 1988 Niklas Luhmann. Anders als Hegel aber zielt Luhmann, trotz der gemeinsamen Affinität zum Widersprüchlichen und trotz einer ähnlich selbstreferenziellen Theorieanlage, nicht auf Einheit, sondern auf Differenz ab. Wo Hegel in Subjekt und Weltgeist die Einheit von Identität und Differenz sah, setzt Luhmann auf die selbstreferenzielle Differenz zwischen Identität und Differenz: »Am Anfang steht also nicht Identität, sondern Differenz.« (SoSy, 112)

Dennoch finden sich auch in der Soziologie historische Vorläufer Luhmanns. Emile Durkheim (1858–1917) etwa, der, im Gegensatz zur klassischen verstehenden Soziologie Max Webers, nicht nach den individuellen Erscheinungen fragte, sondern nach den sozialen Wechselbeziehungen, die ihnen zu Grunde liegen. Dieser aufs Ganze zielende Ansatz entspricht der Systemtheorie, die ebenfalls das Verhalten des Einzelnen aus dem Zusammenhang sozialer Systeme schließt.

Umweltfreundlich

»Jedes selbstreferenzielle System hat nur den Umweltkontakt, den es sich selbst ermöglicht, und keine Umwelt ›an sich‹.«

Luhmann, »Soziale Systeme«, 146

Eine wesentlich direktere Verwandtschaft besteht zur Systemtheorie von Talcott Parsons (1902–1979). Parsons setzte voll und ganz auf die Strukturen sozialer Systeme. Seine »strukturell-funktionalistische« Systemtheorie untersucht zunächst die Struktur eines Systems, um dann die Funktionen zu bestimmen, mit denen sie erhalten werden soll. Die Funktion steht hier ganz im Dienste der Bestandssicherung des Systems.

Im Rahmen einer Fortbildung lernte Niklas Luhmann 1960/61, damals noch Verwaltungsbeamter, Talcott Parsons und dessen Theorie kennen – und entdeckte gravierende Defizite: »Ich hatte die Vorstellung, dass Funktion nicht von Strukturen abhängig, sondern ein auswechselbarer Gesichtspunkt ist.« (Auw, 133) Diese »funktionale Äquivalenz« spielt in Luhmanns Theorie eine wichtige Rolle und begünstigte sicherlich auch die Aufnahme interdisziplinärer Anregungen.

Ausgehend von der Differenz zu Parsons' Systemtheorie vollzog Luhmann seit den siebziger Jahren einen grundlegenden Wandel in der Systemtheorie: die Umstellung auf das neue Paradigma der selbstreferenziell-geschlossenen, umweltoffenen Systeme. Mit Luhmanns Theorie ist die vorerst letzte Stufe in der Evolution der Allgemeinen Systemtheorie erreicht. Begonnen hatte sie mit der Unterscheidung Ganzes/Teil, auf die sich noch Emile Durkheim berief: Ein System wurde als geschlossene Ganzheit betrachtet, die aus mehreren Teilen zusammengesetzt war. Es folgte die Unterscheidung System/Umwelt, maßgeblich ins Leben gerufen von dem Wiener Zoologen Ludwig von Bertalanffy (1901–1972), die Talcott Parsons dann strukturfunktionalistisch auslegte.

Luhmann schließlich setzt auf das Primat von Funktion und Selbstreferenz, mit dem hehren Ziel einer fachuniversalen Theorie, die den gesamten Gegenstandsbereich der Soziologie systemtheoretisch beschreibt – und doch hochgradig selbstreferenziell strukturiert ist.

Luhmann deckt die Fallstricke selbstreferenzieller Paradoxien auf, ohne sich in ihnen zu verstricken. Im Dienste der produktiven Erkenntnisproduktion setzt die Systemtheorie auf Entparadoxierung durch Differenz. Nur so ist die systemtheoretische Grundfrage zu klären: Wie ist soziale Ordnung möglich?

Systemtheorie:
Grundriss eines Labyrinths

Jetzt geht es ans Eingemachte: Wurde bislang die Peripherie der Systemtheorie erkundet, sollen nun die vielschichtigen Verzweigungen des Luhmann'schen Differenzdenkens sichtbar gemacht werden. Es gilt, einen Weg durch das labyrinthische System der Systemtheorie zu bahnen und eine Art Kartografie seiner wichtigsten Schneisen und Kreuzungen zu erstellen.

Soziale Systeme: »Inseln geringerer Komplexität«

Luhmanns universalistischer Ansatz macht es möglich, dass alle Aussagen über »Systeme im Allgemeinen« auch auf Maschinensysteme, organische Systeme, soziale und psychische Systeme zutreffen – ohne dass dabei die Differenzen zwischen den Systemarten verwischen. So operieren etwa soziale und psychische Systeme mit dem Medium Sinn, Maschinen und Organismen dagegen nicht.

In kritischer Anknüpfung an Talcott Parsons' strukturell-funktionalistische Systemtheorie stellt Luhmann dafür die Begriffe Struktur und Funktion um: Seine »funktional-strukturelle« Systemtheorie konzentriert sich nicht mehr auf Kausalzusammenhänge von Ursache und Wirkung, sondern auf funktionale Analysen, auf Problemlösungen und Probleme. Die Frage lautet also nicht mehr: Wie kann die Bestandserhaltung von Systemen gesichert werden? Sondern: Welche Funktionen erfüllen bestimmte Systemleistungen, und durch welche gleichwertigen Funktionen können sie ersetzt werden? Dieser »Äquivalenzfunktionalismus«, der Vergleich von alternativen Lösungen eines Ausgangsproblems, führt zu faszinierenden Einsichten.

In diesem Kapitel soll es darum gehen, den Aufbau der Systemtheorie selbst zu durchleuchten, und das beginnt beim obersten

Steiniger Weg

»Die Theorieanlage gleicht also eher einem Labyrinth als einer Schnellstraße zum frohen Ende.«

Luhmann, »Soziale Systeme«, 14

Bezugspunkt systemtheoretischen Denkens: Komplexität. Oder genauer: Weltkomplexität. Was bedeutet Komplexität? Ganz grundsätzlich ist etwas dann komplex, wenn es mehr als zwei Zustände annehmen kann. Schon das Kochen eines Eis ist damit eine ziemlich komplexe Sache. Die absolute Obergrenze ist die Komplexität der Welt: Alles, was möglich ist, ist nur möglich in der Welt. Ein »Außerhalb« der Welt gibt es nicht: Die Welt kann nicht überschritten werden und hat keine Um-Welt, gegen die sie sich abgrenzt.

Soziale Systeme übernehmen nun die Funktion, die unbestimmbare Komplexität der Welt »behandelbar« zu machen, und zwar durch Reduktion von Komplexität. Soziale Systeme, das ist einer der springenden Punkte der Systemtheorie, reduzieren Komplexität, indem sie zwischen der unbestimmten Weltkomplexität und der menschlichen Möglichkeit zur Komplexitätsverarbeitung vermitteln.

Zentral für den Systembegriff ist dabei die Grenze zwischen Innen und Außen, zwischen System und Umwelt. Man könnte auch sagen, er ist mit ihr identisch, schließlich kann ein System immer nur ein System im Unterschied zu seiner Umwelt sein – die wiederum erst durch das System selbst definiert wird. Systeme reduzieren also nicht nur die Komplexität der Welt, sondern »erschaffen« sie auch. Denn komplex ist die Welt ja nicht an sich, sondern nur aus der Perspektive von Systemen, die diese Komplexität wahrnehmen und reduzieren wollen.

Diese »Portionierung« der Weltkomplexität gelingt sozialen Systemen, indem sie Möglichkeiten ausschließen: Im System können nicht alle möglichen Ereignisse oder Zustände auftreten. Im Gegenteil: Das meiste wird ausgeschlossen. Deshalb bilden soziale Systeme nach Luhmann »Inseln geringerer Komplexität« (»Soziologische Aufklärung I«, 116) im diffus-komplexen Weltmeer. An der Grenze zwischen System und Umwelt herrscht also ein Komplexitätsgefälle: Die Umwelt ist stets komplexer als das System, und das System ist stets »geordneter« als seine Umwelt.

In Ordnung?

»Alle erkennbare Ordnung beruht auf Komplexität, die sichtbar werden lässt, dass auch anderes möglich wäre.«

Luhmann, »Die Gesellschaft der Gesellschaft«, 137

Im Falle sozialer Systeme bewahrt dieser Ausschluss von Möglichkeiten alle Beteiligten im Alltag vor bösen Überraschungen. So wird es in einer Techno-Disco kaum passieren, dass der DJ plötzlich Volksmusik auflegt; ebenso unwahrscheinlich ist es, dass eine Supermarktkassiererin plötzlich zu feilschen beginnt oder dass in einer Vorlesung über die Systemtheorie nur noch Kritische Theorie gelehrt wird. Soziale Systeme schaffen Erwartungsstrukturen, die Komplexität kanalisieren. Wie das en détail passiert, wird im folgenden Kapitel beschrieben.

Um Komplexität reduzieren zu können, müssen Systeme zunächst einmal selbst über Komplexität verfügen. Erst ein gewisses Maß an Eigenkomplexität erlaubt es ihnen, auf Veränderungen in ihrer Umwelt zu reagieren und den eigenen Fortbestand dynamisch zu sichern. Je komplexer das System, desto mehr Reaktionsmöglichkeiten hat es. Hier zeigt sich erneut der selbstreferenzielle Bau der Systemtheorie: Erst ihr komplexes Design macht es ihr möglich, Weltkomplexität zu beobachten und zu reduzieren.

Interaktion, Organisation, Gesellschaft: Artenvielfalt sozialer Systeme

Gemäß der bereits erwähnten »Unsichtbarmachung« von Ausgangsparadoxien klammert die Systemtheorie die Frage nach einem Ursprung sozialer Systeme aus. Woraus soziale Systeme dagegen bestehen, lässt sich genau sagen: aus Kommunikationen. Hier setzt sich Luhmann von der gesamten philosophischen und soziologischen Tradition ab, die stets Menschen als kleinste Einheiten des Sozialen sah. Luhmann dagegen beschreibt soziale Systeme als Kommunikationssysteme: Die einzelnen Elemente sind Kommunikationen, die fortwährend aneinander anschließen und damit das System am Laufen halten.

Luhmann unterscheidet drei Grundtypen sozialer Systeme: Interaktionssysteme, Organisationssysteme und Gesellschaftssysteme. Am einfachsten lassen sich Interaktionssysteme charakterisieren. Sie entstehen immer dann, wenn sich Personen gegenseitig wahrnehmen. Ob bei einem Bewerbungsgespräch oder im Wartezimmer einer Arztpraxis – Interaktionssysteme bilden sich, sobald wechselseitige Wahrnehmung herrscht. Wird sie beendet, etwa wenn die Beteiligten den Raum verlassen, hört auch das System auf zu existieren.

Organisationssysteme dagegen sind gekennzeichnet durch eine Mitgliedschaft, die an bestimmte Bedingungen geknüpft ist. So wird man erst dann Angestellter einer Firma, wenn man einen Arbeitsvertrag unterzeichnet hat, der bestimmte Verpflichtungen beinhaltet. Solche Mitgliedschaftsregeln erlauben es Organisationen, ungeheure Mengen von Interaktionen aufeinander abzustimmen und damit Abläufe wahrscheinlich zu machen, die in der Umwelt des Systems äußerst unwahrscheinlich sind. So wird es etwa wahrscheinlich, dass Angestellte pflichtgemäß zur Arbeit erscheinen, obwohl ihr organisches System von Zuständen gesteigerter Müdigkeit gepeinigt wird.

Der dritte Typus sozialer Systeme, das Gesellschaftssystem, nimmt eine Sonderstellung ein. Es ist ein »System höherer Ordnung«, weil es alle Interaktions- und Organisationssysteme beinhaltet, ohne jedoch deren bloße Summe zu sein. Schließlich gibt es im Gesellschaftssystem eine Vielzahl von Kommunikationen, die weder in Interaktionssystemen noch in Organisationssystemen hervorgebracht werden. Die Gesellschaft ist die Gesamtheit aller Kommunikationen.

Andererseits ist »die« Gesellschaft ja zugleich ein Konstrukt: Die Gesellschaft gehorcht ja keinem »obersten Gebot«, keiner Über-Einheit, sondern ist vielmehr die Summe ihrer Beobachtungen. Das erklärt auch den tautologisch anmutenden Titel von Luhmanns Hauptwerk »Die Gesellschaft der Gesellschaft«, das die »Unsichtbarkeit« der Gesellschaft sichtbar macht: Über die Gesellschaft sprechen kann man nur über Themen, nur über Verweise auf Bestimmtes, auf beobachtbare Handlungen – zum Beispiel die Veröffentlichung eines Buches über Niklas Luhmann und seine Theorie der Gesellschaft.

Aller Anfang ist erfunden

»Die Bestimmung eines Anfangs, eines Ursprungs, einer ›Quelle‹ und eines (oder keines) ›Davor‹ ist ein im System selbst gefertigter Mythos – oder die Erzählung eines anderen Beobachters.«

Luhmann, »Die Gesellschaft der Gesellschaft«, 441

23

Autopoiesis: Systeme als Selbstversorger

Soziale Systeme bestehen aus Kommunikationen, die an Kommunikationen anschließen und weitere Kommunikationen provozieren. Dieses selbstreferenzielle Grundmuster hat Luhmann mit einem ebenso zentralen wie schillernden Begriff umschrieben: Autopoiesis.

Das Kunstwort »Autopoiesis«, eine Zusammensetzung aus den griechischen Begriffen autos (selbst) und poiesis (Schöpfung, Dichtung), wurde von dem chilenischen Biologen und Neurophysiologen Humberto R. Maturana geprägt. Die Grundlagen des Autopoiesis-Konzepts entwickelte Maturana bereits in den sechziger und siebziger Jahren zusammen mit Francisco J. Varela. Bei Luhmann ist der Begriff seit Anfang der achtziger Jahre prägend, voll zur Geltung kam er 1984 in seinem ersten Hauptwerk »Soziale Systeme«, das die so genannte »autopoietische Wende« der Systemtheorie markiert.

Kommunikation mit System

»Unter sozialem System verstehe ich ganz allgemein ein System, dessen Operation Kommunikation ist, das also ständig Kommunikation durch Kommunikation ersetzt.«

Luhmann, Interview in »Texte zur Kunst«, 1991

Was ist Autopoiesis? Maturana und Varela bezeichneten damit eine Theorie alles Lebendigen, ein Organisationsprinzip, das für alle Lebewesen gilt. Alle lebenden Systeme – von der Amöbe bis zum Pottwal, vom Menschen bis zur Kakerlake – sind autopoietische Systeme: Sie erzeugen und erhalten sich selbst, indem sie die Komponenten, aus denen sie bestehen, selbst produzieren und herstellen. So erzeugt eine Zelle auf molekularer Ebene ständig die Bestandteile, die sie zur Aufrechterhaltung ihrer Organisation benötigt: Proteine, Nukleinsäuren, Lipide usw. Durch ihre Zellmembrane grenzt sie sich als operierende Einheit gegenüber ihrer Umwelt ab – fertig ist das autopoietische Minisystem »Zelle«.

Diese Geschlossenheit gegenüber der Umwelt ist, wie bereits erwähnt, ein zentrales Kennzeichen autopoietischer Systeme. Aufgrund ihrer Geschlossenheit beziehen sie sich ausschließlich auf sich selbst, sie operieren gänzlich ohne In- und Output. Alles, was sie zur Erhaltung ihrer Organisation benötigen, produzieren sie selbst. Autopoietische Systeme sind Selbstversorger.

Zugleich sind autopoietische Systeme aber auch offene Systeme, denn sie haben ja Umweltkontakt und sind sogar hochgradig auf ihre Umwelt angewiesen. So gibt es einen regen Austausch von Energie und Materie zwischen Zelle und Umwelt. Das Entscheidende ist jedoch: Dieser Umweltkontakt wird eigenmächtig von der Zelle gesteuert. Das führt zu der paradoxen Erkenntnis, dass erst Geschlossenheit Offenheit ermöglicht. Autopoietische Systeme »handeln« nach eigener Maßgabe, leben aber in einem bestimmten Milieu, von dem sie zugleich abhängig sind. Sie sind autonom, aber nicht autark.

Diese sagenhafte Selbstherstellung vollziehen autopoietische Systeme, indem sie sich selbstreferenzieller Techniken bedienen – Selbstbeobachtung, Selbstbeschreibung und Selbstvereinfachung. Diese Begriffe werden im Folgenden näher betrachtet. Vorerst soll noch einmal festgehalten werden, dass Luhmann mit dem Import des neurobiologischen Autopoiesis-Konzepts die soziologische Theorie auf eine völlig neue Ebene gehoben hat: Es handelt sich um einen so genannten »Paradigmenwechsel« in der Systemtheorie. Eben deshalb ist »Soziale Systeme« auch Luhmanns erstes Werk, das er selbst nicht mehr zur »Nullserie der Theorieproduktion« (Auw, 142) zählte.

Anschluss erwünscht

»Die Autopoiesis sozialer Systeme ist nichts weiter als dieser ständige Prozess des Reduzierens und Öffnens von Anschlussmöglichkeiten. Sie kann nur fortgesetzt werden, wenn sie in Gang ist.«

Luhmann, »Wie ist Bewusstsein an Kommunikation beteiligt?«, 40

Selbstorganisation: Mit Strukturen auf Touren

Die Übertragung des Autopoiesis-Konzepts von organischen auf soziale Systeme – und, wie noch ausführlicher gezeigt wird, auf psychische Systeme – wirft eine Vielzahl von Fragen auf. Eine entscheidende wurde bereits geklärt, nämlich, aus welchen Elementen soziale Systeme bestehen: aus Kommunikationen. Menschen kommen dabei allenfalls in der Umwelt sozialer Systeme vor, schließlich ist Kommunikation nicht das Produkt von Menschen, sondern von sozialen Systemen. Ohne Menschen, das heißt ohne psychische Systeme, wäre das zwar nicht möglich, dennoch gilt: Nur die Kommunikation kann kommunizieren.

Eine weitere Frage lautet: Wie vollzieht sich die Autopoiesis sozialer Systeme, wie kommen Kommunikationssysteme »auf Touren«, bilden sich aus und entwickeln sich weiter? Wie gesehen, können Systeme ihre Umweltkomplexität erst reduzieren, wenn sie eine gewisse Eigenkomplexität ausgebildet haben. Dies gelingt sozialen Systemen, indem sie die Ereignisse, aus denen sie bestehen und die vom einen Moment zum nächsten wieder verschwinden, verknüpfen: Sie bilden Prozesse und Strukturen.

Strukturen reduzieren Komplexität, indem sie die Anschlussmöglichkeiten, die im System zugelassen sind, einschränken: Sie sorgen dafür, dass die Autopoiesis des Systems nicht durch beliebige, sondern nur durch bestimmte Elemente – im Falle sozialer Systeme durch Kommunikationen – fortgesetzt werden kann. Einige Anschlusskommunikationen werden dann wahrscheinlicher, andere unwahrscheinlicher, wieder andere werden komplett ausgeschlossen. In diesem Sinne sind die Strukturen sozialer Systeme Erwartungsstrukturen: Sie treffen eine Art Vor-Auswahl und garantieren so die Anschlussfähigkeit von bestimmten Elementen.

Ähnliches leisten Prozesse auf komplementäre Weise. Während Strukturen bestimmte Möglichkeiten ausschließen, wählen Prozesse passende Anschlussmöglichkeiten aus. Strukturen bilden sich über Exklusion, Prozesse über Inklusion. Eine besondere Rolle spielt dabei die Verzeitlichung der Elemente: Kommunikationen erscheinen als zeitlich fixierte Ereignisse, die Anschlussereignisse provozieren und damit die Autopoiesis des Systems am Laufen halten.

So erzwingt das kommunikative Ereignis »Wie geht's?« ein kommunikatives Anschlussereignis, und sei es in der Form des demonstrativen Nichtanschließens bzw. Nichtantwortens. Aber: Selbst eine Allerweltskommunikation wie die Frage »Wie geht's?« hat nicht in jedem sozialen System gleiche Chancen auf Erfolg, auf Anschlusskommunikation. Wenig wahrscheinlich wäre sie zum Beispiel im System der Massenmedien aus dem Munde einer »Tagesschau«-Sprecherin.

Die Autopoiesis sozialer Systeme führt also zu Prozessen und Strukturbildungen, die selbstorganisatorisch gesteuert werden. Der Begriff Selbstorganisation verdeutlicht, dass soziale Systeme ausschließlich nach ihrer jeweiligen Eigenlogik auf Umweltveränderungen reagieren. So würde das Organisationssystem »Deutscher Fußballbund« sicherlich anders auf einen WM-Titelgewinn der deutschen Mannschaft reagieren als das Organisationssystem »Zeugen Jehovas« oder das Interaktionssystem Hooligan-Bande. Aber, und damit ist bereits der nächste wichtige Trakt im Palast der Systemtheorie erreicht: Alle sozialen und alle psychischen Systeme reagieren auf ihre Art »sinnvoll«.

Sinn-voll: Soziale und psychische Systeme

Autopoietische Systeme sind selbstreferenziell geschlossene Systeme. Wie aber kombinieren sie diese Geschlossenheit mit ihrer Umweltoffenheit? Indem sie Sinn verwenden. Diese Aussage mag auf den ersten Blick wenig »Sinn« machen, andererseits ist dieser Sinn der Systeme auch kein Sinn im alltäglichen oder psychologischen Sinne. Im Systemtheorie-Slang bezeichnet Sinn die grundlegende Ordnungsform menschlichen Erlebens, nämlich die Bedeutung, die etwas für einen Beobachter hat.

Die Verwendung von Sinn ist eine Grundoperation der Systemtheorie. Alles Erleben und alles Handeln sozialer und psychischer Systeme erfolgt nach Sinnkriterien. Alle anderen Systemtypen, etwa Lebewesen oder Maschinen, können mit Sinn nichts anfangen. Für soziale und psychische Systeme hingegen ist Sinn der gemeinsame Nenner. Das bedeutet nicht, dass beide Systemformen sich überschneiden würden. Aber die gemeinsame Verwendung von Sinn ermöglicht eine Art gegenseitiger Durchdringung und macht beide Seiten besonders leistungsfähig. Dieses symbiotische Phänomen der »strukturellen Kopplung« wird im Anschluss noch näher beschrieben.

Abstrakt definiert ist Sinn die Unterscheidung von Aktualität und Potenzialität, oder genauer: das Prozessieren von Informationen anhand der Differenz aktuell/potenziell. Der Letzthorizont allen Sinns ist dabei die Welt. Sie verhält sich zu Sinn wie die Umwelt zum System, als unbestimmter Begriff für alles Gegenüberstehende.

Soziale und psychische Systeme sind mit nichts anderem beschäftigt als mit dem fortlaufenden Neuarrangieren dieser Unterscheidung von Aktuellem und Möglichem. So hat ein Gespräch immer ein aktuelles Thema, das aus der Masse der Möglichkeiten ausgewählt ist, und das Wechseln, Ändern, Forcieren der Themen folgt den jeweils durch Aktualisierung geöffneten Möglichkeitsspektren. Die Äußerung »Soziale Systeme operieren sinnvoll« eröffnet etwa einen Spielraum möglicher Anschlüsse wie »Was ist denn überhaupt sinnvoll?« oder »Psychische Systeme aber auch!«. Die jeweils nicht gewählten Anschlüsse bleiben als Möglichkeiten erhalten und können ihrerseits später aktualisiert werden.

Weil jede Auswahl aus dem Meer der Möglichkeiten eine weitere, anschließende Aktualisierung aus dem geöffneten Möglichkeitsspektrum nach sich zieht, ist das Medium Sinn insbesondere in zeitlicher Hinsicht von Bedeutung. Sinn prozessiert Kommunikationen und provoziert dabei wie in einer Dominokette aktuelle Ereignisse, die verschwinden und durch neue ersetzt werden müssen. Jede Kommunikation schließt an eine vorige an und zieht, als aktuelle Auswahl einer Möglichkeit, eine weitere Anschlusskommunikation nach sich, die ihrerseits eine Auswahl ist und einen neuen Möglichkeitsraum öffnet, aus dem wiederum ausgewählt wird. Die Tatsache, dass alles nur als aktuelle Auswahl einer Möglichkeit Sinn hat, macht Sinn zu einem Prozess, der sich, wie eine Bugwelle der Bedeutung, selbst nach vorne treibt.

So entfalten soziale Systeme ihre Autopoiesis über Sinn verwendende Kommunikationsprozesse: Kommunikationen schließen aneinander an, differenzieren sich, bilden Strukturen – und ermöglichen es sozialen Systemen dabei zugleich, ihre eigenen Unterscheidungen wahrzunehmen, also selbstreflexiv zu werden. Ohne Sinn würde das in der Tat keinen Sinn machen: Soziale und

System Sinn

»Die Selbstbeweglichkeit des Sinngeschehens ist Autopoiesis par excellence.«

Luhmann, »Soziale Systeme«, 101

psychische Systeme können gar nicht sinnlos operieren. Selbst die Aussage »Das ist doch sinnlos« ist eine Auswahl einer Aktualität aus einem Möglichkeitsspektrum, die weitere Anschlüsse provoziert. Stoppt aber die fortlaufende Neuaktualisierung, etwa weil der Gesprächspartner die Kommunikation beendet und weggeht, hört ein Sinnsystem auf zu existieren.

Diese Prozesshaftigkeit von Sinn zwingt Systeme zugleich zur Reduktion von Komplexität. Die Umwandlung in bestimmte Sequenzen macht die Komplexität der Umwelt behandelbar. Aber Sinn reduziert Komplexität nicht nur, er erhält sie zugleich, weil die Auswahl eines aktuellen Ereignisses stets einen Neuverweis auf weitere Möglichkeiten bereithält. Dieses zirkuläre Prozessieren macht Sinn selbst zum autopoietischen System.

Psychische Systeme: Die das Denken denken

Psychische Systeme haben eine einzigartige Gemeinsamkeit mit sozialen Systemen: Beide sind selbstreferenzielle, autopoietische Systeme, die sinnhaft operieren. Wie soziale und psychische Systeme sich gegenseitig als Umwelten erfahren und miteinander »interagieren«, wird im folgenden Abschnitt unter dem Stichwort »strukturelle Kopplung« näher beschrieben. Jetzt geht es zunächst darum, die Autopoiesis des psychischen Systems bzw. des Bewusstseins zu bestimmen.

Bewusstsein ist nicht zu verwechseln mit dem Gehirn. Das Gehirn ist kein psychisches, sondern ein organisches System. Als solches bildet es für das Bewusstsein eine Umwelt, die für das Funktionieren des psychischen Systems unentbehrlich ist. Denken aber kann nur das Bewusstsein, so wie nur die Kommunikation kommunizieren kann, nicht aber der Mensch. Es ist unmöglich, von Gehirnprozessen auf Gedanken zu schließen oder in ein fremdes Bewusstsein hineinzuschauen.

Dennoch macht eine Eigenschaft des Gehirns, nämlich seine Geschlossenheit, die Operationsweise des Bewusstseins verständlicher. Die Hirnforschung zeigt, dass das menschliche Gehirn ein geschlossenes, selbstreferenzielles System bildet, das keinen direkten Zugang zu seiner Umwelt hat, auch nicht über seine Sinnesorgane. Wie kann das sein? Man sieht doch, was man sieht, und hört, was man hört! Das ist kaum zu bestreiten – allerdings wird das, was das Auge sieht, nicht vom Auge selbst, sondern vom Gehirn definiert: Augen, Ohren, Nase usw. transformieren Außenereignisse lediglich in neuronale Aktivitäten, die keine eindeutigen Zusammenhänge zwischen Innen und Außen erkennen lassen. Die Bezüge erstellt erst das Gehirn. An sich sind alle eingehenden Nervenimpulse gleichförmig, erst das Gehirn macht daraus dann eine Wahrnehmung als Sehen, Hören, Riechen.

Um diese Signale verarbeiten und verwerten zu können, muss das Gehirn, wie jedes komplexitätsreduzierende System, zunächst über Eigenkomplexität verfügen. Diese Eigenkomplexität des Gehirns zeigt sich schon rein quantitativ. Beim Menschen ist die Zahl der Nervenzellen, die rein systemintern tätig sind, weitaus größer als die Zahl der Nervenzellen, die mit der Aufnahme von Außenreizen beschäftigt sind: Das Verhältnis beträgt 100 000 zu 1.

Wahrnehmung ist also keine Widerspiegelung der Außenwelt, sondern eine systeminterne Konstruktion einer systemexternen Welt. Das Nervensystem konstruiert ein eigenes Bild der Umwelt, es bezieht sich ausschließlich auf sich selbst und kann mit seinen Nervenimpulsen keinen Umweltkontakt aufnehmen – wie sollte es auch, schließlich gibt es in der Umwelt ja keine Nerven, die diese Impulse aufnehmen und weiterleiten könnten.

Luhmann beschreibt auch das Bewusstsein als selbstreferenziell-geschlossenes, autopoietisches System. So wie die Elemente sozialer Systeme Kommunikationen sind, sind die Elemente psychischer Systeme Gedanken. Und ebenso wie Kommunikationen erscheinen auch Gedanken als Ereignisse, die im Moment ihres Auftauchens wieder verschwinden und zur Aufrechterhaltung des Systems durch neue Elemente ersetzt werden müssen.

Dass sich diese Autopoiesis unter Verwendung des Mediums Sinn vollzieht, scheint ebenso einleuchtend wie im Fall sozialer

Die spinnen, die Gedanken

»Die Autopoiesis des Bewusstseins ist das Fortspinnen mehr oder minder klarer Gedanken.«

Luhmann, »Die Autopoiesis des Bewusstseins«, 406

Systeme. Denkt man etwa an eine Rechnung, die noch bezahlt werden muss, erzeugt die Auswahl »Ich sollte um eine Ratenzahlung nachsuchen« aus dem Spektrum möglicher Gedanken sofort neue Auswahlmöglichkeiten und neue Gedankenaktualisierungen, etwa »Ich sollte meine Ausgaben besser im Griff haben«, das wiederum zur Folgeaktualisierung führen könnte: »Kann ich mir die teure Wohnung in Mitte dauerhaft leisten?«

Jeder kennt die Erfahrung, dass das Denken in ähnlicher Weise auch bei Gesprächen ganz eigensinnige Wege gehen kann. Der Professor doziert über Niklas Luhmanns Analyse des Liebescodes, und die psychischen Systeme der zuhörenden Studenten verarbeiten das Vorgetragene auf je eigene Art und Weise. Einer mag denken: »Was bringt mir das theoretische Gelaber, ich will Liebe leben!«, ein Anderer: »Wenn der Liebescode bewirkt, dass sämtliche Idiosynkrasien des Partners zur Voraussetzung meines eigenen Handelns werden, warum nörgelt mein Partner dann immer an mir rum – liebt er mich nicht?« Interessant ist nun die Frage, wie psychische und soziale Systeme »interagieren«, wie sie »strukturell gekoppelt« sind.

Strukturelle Kopplung: Symbiose der Systeme

Der Begriff »strukturelle Kopplung« – Luhmann benutzt ihn äquivalent mit dem Begriff »Interpenetration« – beschreibt die »überlebensnotwendige« Bedeutung, die bestimmte Systeme für die Autopoiesis anderer Systeme haben. Es geht also um eine Art wechselseitiger Befruchtung, um Symbiosen zwischen Systemen.

Strukturelle Kopplungen sind ebenso zahlreich wie vielgestaltig und existieren zwischen den verschiedensten Systemarten. So sind die meisten organischen Systeme an ihre anorganische Umwelt gekoppelt (ohne Schwerkraft keine Bodenhaftung), und zahlreiche soziale Systeme gehen strukturelle Kopplungen untereinander ein, so zum Beispiel die Subsysteme Politik und Recht, die über eine Verfassungsordnung gekoppelt

Kopplung kommt voran

»Die Evolution der gesellschaftlichen Kommunikation ist nur möglich in ständiger operativer Kopplung mit Bewusstseinszuständen.«

Luhmann, »Wie ist Bewusstsein an Kommunikation beteiligt?«, 41 sind. Besonders interessant ist jedoch die strukturelle Kopplung sozialer und psychischer Systeme. Sie sind die einzigen, die auf der Basis von Sinn operieren. Das führt zu hochkomplexen und für beide Seiten äußerst ertragreichen Kopplungsresultaten. So ist etwa das soziale System der Kunst geradezu auf psychische Systeme zugeschnitten: Jedes Kunstwerk orientiert sich an der Wahrnehmungsweise des Bewusstseins – und jedes Bewusstsein lässt sich von den Formen der Kunstkommunikation faszinieren.

Wie bereits beschrieben, bilden sowohl Kommunikation als auch Bewusstsein operativ geschlossene Systeme, die sich in keinem Punkt überschneiden und füreinander Umwelten bleiben. So finden Gedanken keinerlei Einlass in die Kommunikation: Man kann zwar über bestimmte Gedanken und Vorstellungen kommunizieren, aber eben nicht als eine Art »Gedankenaustausch«, sondern nur als Operation des Kommunikationssystems. Das Bewusstsein kann sich zwar vorstellen, dass es kommuniziert, aber eben nur als systeminterne Vorstellung.

In gleicher Weise hat die Kommunikation keinen Zutritt zum Reich des Bewusstseins. So ist es unmöglich, ausgehend von einer Kommunikation festzustellen, was die teilnehmenden Bewusstseinssysteme denken. Nimmt man an einem Gespräch teil, muss man den Gesprächsverlauf und bestimmte Themen kennen, nicht dagegen die Gedankenverläufe der Individuen, was ja ohnehin nicht möglich wäre.

Trotz ihrer jeweiligen Geschlossenheit sind soziale und psychische Systeme aber hochgradig aufeinander angewiesen: ohne Bewusstsein keine Kommunikation und umgekehrt. So sind Bewusstseinssysteme in hohem Maße sensibel für das, was im Medium Sprache mitgeteilt wird, und »zapfen« dabei ständig die Kommunikation an. Was und worüber geredet wird, sei es über das Wetter oder die Systemtheorie, ist zwar Sache der Kommunikation. Doch weil das Bewusstsein über Schrift und Sprache auf einem Nenner mit der Kommunikation operiert, kann es sich gewissermaßen an diese Themen anklinken.

Abschalten

»Die meisten Bewusstseinssysteme schalten sich beim Schreiben und Lesen selber ab.«

Luhmann, »Die Gesellschaft der Gesellschaft«, 545

32

Ein besonders hoher Grad dieser Vereinnahmung herrscht bekanntlich beim Fernsehen: Hier sind die Gedanken über weite Strecken eins mit dem, was über das Massenmedium Fernsehen kommuniziert wird. Wie noch ausführlich gezeigt wird, ist diese Kommunikations-Affinität psychischer Systeme von entscheidender Bedeutung für die Entwicklung des Gesellschaftssystems.

Während jedoch psychische Systeme auch ohne Kommunikation tätig sein können – auch im Schlaf oder in Isolationshaft hört das Denken ja nicht auf –, sind soziale Systeme ohne Bewusstsein kaum funktionsfähig. Der Grund dafür liegt in einer seltenen Gabe psychischer Systeme, über die kein anderes System verfügt: Bewusstsein kann wahrnehmen – und mit dieser Wahrnehmungsfähigkeit Kommunikation stören, reizen und irritieren. Oder genauer: Bewusstsein regt Kommunikation dazu an, sich selbst mit Bewusstsein zu irritieren. Zwar können die Wahrnehmungen des Bewusstseins nicht kommuniziert werden, aber immerhin sind Berichte über Wahrnehmungen möglich. So können Wahrnehmungen, ohne jemals Kommunikation zu werden, die Kommunikation stimulieren.

Tanz der Gedanken

»Das eigene Bewusstsein tanzt wie ein Irrlicht auf den Worten herum.«

Luhmann, »Was ist Kommunikation?«, 14

Aus der Sicht des psychischen Systems herrscht dabei eine Überlegenheit des Bewusstseins über die Kommunikation: Selbst während des Redens ist das Bewusstsein ja ständig mit Wahrnehmungen beschäftigt. Daher ist es unvermeidlich, die Kommunikation dem Bewusstsein anzupassen. Es müssen also Formen gefunden werden, die kommunikativ behandelbar und anschlussfähig sind: »Radioaktivität, Smog, Krankheiten aller Art mögen zunehmen oder abnehmen; das hat keinen Einfluss auf die Kommunikation, wenn es nicht wahrgenommen, gemessen, bewusst gemacht wird und dann den Versuch stimuliert, darüber nach Regeln der Kommunikation zu kommunizieren.« (BewK, 45) Wie diese »Handhabbarmachung« im Einzelnen geschieht, wird im folgenden Kapitel näher beschrieben.

Festzuhalten ist jedoch, dass die strukturelle Kopplung sozialer und psychischer Systeme keinesfalls zu einer Art »Autopoiesis-

Crossover« führt. Bewusstsein und Kommunikation bleiben, trotz eines hohen Maßes an »Co-Evolution«, getrennt. Nur das Bewusstsein kann denken, nur die Kommunikation kann kommunizieren.

Gesellschaftliche Evolution:
Die Wahrscheinlichkeit des Unwahrscheinlichen

»Evolution ist immer und überall« (GdG, 431), postuliert Luhmann. Und: »Nur die Differenz von System und Umwelt ermöglicht Evolution.« (GdG, 433) Was aber heißt Evolution in Bezug auf soziale Systeme bzw. in Bezug auf die Entwicklung der Gesellschaft? Den Ausgangspunkt bildet wieder eine Paradoxie, nämlich die Wahrscheinlichkeit des Unwahrscheinlichen bzw. die Wahrscheinlichkeit der Unwahrscheinlichkeit gelingender Kommunikation. Dass gelingende Kommunikation ein an sich höchst unwahrscheinlicher Vorgang ist, zeigt sich schon daran, dass eine Kommunikation ihren Adressaten nicht nur erreichen muss, sondern dass dieser die Kommunikation auch verstehen und annehmen muss (mehr zu den Komplikationen der Kommunikation im folgenden Kapitel).

Gesellschaftliche Evolution vollzieht sich über die Ausbildung von Strukturen, mit denen die Unwahrscheinlichkeit gelingender Kommunikation wahrscheinlich gemacht wird. Für diese Beschreibung der Evolution greift Luhmann auf die neodarwinistischen Begriffe Variation, Selektion und Restabilisierung zurück. Der erste Begriff bezeichnet Variationen der Elemente des Systems: unerwartete, überraschende Kommunikationen. Diese kommen zumeist durch ablehnende Kommunikation zustande. So kann etwa der Parteiausschluss eines Politikers zur Folge haben, dass dieser eine neue Partei ins soziale Leben ruft.

Der zweite Begriff, Selektion, zielt auf die Strukturen des Systems, die Kommunikationen über Erwartungen steuern. Eine besondere Rolle spielt hierbei die Erfindung von Medien, insbesondere der Schrift, die die Anzahl der Adressaten sprunghaft an-

Chancen schaffen!
»Man hat den Prozess soziokultureller Evolution zu begreifen als Umformung und Erweiterung der Chancen für aussichtsreiche Kommunikation.«
Luhmann, »Soziale Systeme«, 219

steigen ließ. Schrift erzeugt »die Illusion der Gleichzeitigkeit des Ungleichzeitigen«: »Die bloß virtuelle Zeit der Vergangenheit und der Zukunft ist in jeder Gegenwart präsent, obwohl für sie etwas ganz anderes gleichzeitig ist als die Gegenwart.« (GdG, 265) Es entsteht also eine gewaltige Masse von Anschlussmöglichkeiten, die durch den Buchdruck, eine Art Infrastruktur für das Gedächtnis der Gesellschaft, und erst recht durch elektronische Medien noch potenziert werden.

Restabilisierung schließlich bezeichnet den Systemzustand nach einer erfolgten – positiven oder negativen – Selektion. Dabei ist Restabilisierung zugleich Resultat und Voraussetzung für weitere Variationsmöglichkeiten. Hier sind vor allem die gesellschaftlichen Subsysteme und ihre Organisationen von Bedeutung: Wie noch zu zeigen sein wird, bringen sie Variationen und Selektionen gewissermaßen auf einen Nenner. Über ihre Selektionskriterien sind sie geradezu auf Variation hin stabilisiert.

In diesem Sinne verfügen autopoietische Systeme über eine Art »dynamische Stabilität«: Solange die Autopoiesis nicht unterbrochen wird, können auf Basis des Angepasstseins immer radikalere Unangepasstheiten entstehen. Das bedeutet zugleich, dass Unwahrscheinliches immer schneller wahrscheinlicher wird. Das Resultat ist laut Luhmann »eine ungewöhnlich hohe, in der Lebenszeit der einzelnen Menschen sichtbar werdende Änderungsfrequenz in den Strukturen des Gesellschaftssystems« (GdG, 495). Der blinde Fleck der Restabilisierung ist der Zufall. Es ist ja nicht vorhersehbar, ob Variationen positive oder negative Selektionen bewirken. Vielmehr ist die soziokulturelle Evolution eine sich selbst steuernde Selektion, ein kontingenter, also auch anders möglicher, Prozess »ohne Autor«.

Alle evolutionären Errungenschaften gleichen sich darin, dass sie kombinatorische Möglichkeiten erhöhen, das heißt höhere Komplexitätsgrade ermöglichen. Die Formen, die die Gesell-

Wahrnehmung ade

»Mehr und mehr wird Kommunikation auch dann möglich, wenn man nicht in der Lage ist, gleichzeitig wahrzunehmen, was andere wahrnehmen, und damit auch unabhängig davon, ob andere wahrnehmen, dass man wahrnimmt, was man wahrnimmt.«

Luhmann, »Wie ist Bewusstsein an Kommunikation beteiligt?«, 46 f.

schaft dabei auswählt, nennt Luhmann »Semantiken«. Semantiken sind sinnhafte Formen, die besonders strukturbildend werden. Eine besondere Rolle bei diesen »Ideenevolutionen« spielt dabei das Medium Sprache, das wie eine Art Sinnspeicher wirkt: »Im evolutionären Kontext gesehen ist Sprache eine extrem unwahrscheinliche Art von Geräusch, das eben wegen dieser Unwahrscheinlichkeit hohen Aufmerksamkeitswert und hochkomplexe Möglichkeiten der Spezifikation besitzt.« (GdG, 110) Ebenso zentral ist die Bedeutung von Verbreitungsmedien wie Schrift, Druckpresse und Telekommunikation, die Kommunikation unabhängig machen von einer gleichzeitig stattfindenden Bewusstseinsbeteiligung.

Technik erhöht die Wahrscheinlichkeit gelingender Kommunikationen, indem sie es möglich macht, auf kommunikativen Konsens zu verzichten. Was funktioniert, funktioniert, darüber muss nicht groß diskutiert werden. Das bedeutet natürlich nicht den Wegfall älterer Formen oraler oder wortloser Kommunikation. Vielmehr ermöglicht Evolution ein Nebeneinander und eine Spezialisierung älterer Kommunikationsformen: »So sind wir in Fragen der Sexualität sicherlich raffinierter als unsere Vorfahren vor der Erfindung der Sprache und Schrift, obwohl wir die damit verbundenen Koordinationsprobleme gerade nicht schriftlich lösen.« (BewK, 47)

Zum Abschluss dieser systemtheoretischen Sichtweise gesellschaftlicher Genese sollen die drei Formen gesellschaftlicher Differenzierung erläutert werden, die die gesellschaftliche Evolution hervorgebracht hat: segmentäre, stratifikatorische und funktionale Differenzierung. Diese drei Differenzierungstypen sind gewissermaßen gestaffelt nach ihrer Komplexität. Die höchste Komplexität herrscht in der funktional differenzierten Gesellschaft.

Segmentäre Differenzierung entspricht einfachen Gesellschaftssystemen wie archaischen Gesellschaften. Hier ist das Gesellschaftssystem in gleiche Teile aufgeteilt, etwa in Familien, Stämme oder Dörfer. Ein Hauptkriterium für die Systemzugehörigkeit ist die Anwesenheit von Personen, der Unterschied von

Interaktion und Gesellschaft ist also noch gar nicht erlebbar. Die geringe Komplexität segmentärer Differenzierung ermöglicht nur geringe Variationsmöglichkeiten – und macht sie auch gar nicht erforderlich. Das heißt: In einer segmentär differenzierten Gesellschaft ist die Evolution von Unwahrscheinlichem hochgradig unwahrscheinlich. Erst wenn es nicht mehr gelingt, verschiedene Rollen, Tätigkeiten usw. gleichzeitig zu bewältigen, entsteht ein Komplexitätsdruck, der die Gesellschaft zwingt, neue Formen zu erfinden.

Bei der zweiten Form gesellschaftlicher Differenzierung, der stratifikatorischen, teilt sich das Gesellschaftssystem nicht in gleiche Teile, sondern in ungleiche Schichten auf. Die Gesellschaft besteht aus hierarchisierten Teilsystemen. Von Bedeutung ist also weniger, was gesagt wird, sondern wer es sagt bzw. wo es gesagt wird: ob oben oder unten in der Hierarchie. Gerade darin liegen auch die Komplexitätsschranken dieses Differenzierungstyps. Es muss eine gesellschaftliche Zentralinstanz geben, die allen und allem einen Platz in einer vorgegebenen Ordnung zuteilt. Diese Funktion erfüllen in stratifikatorischen Gesellschaften Moral und Religion.

Im Gefolge der Reformation und der europäischen Religionskriege entfernten sich die politischen Handlungsmuster immer weiter von religiösen, der Staat entwickelte eigene Interessen gegenüber der Gesellschaft, die Politik wurde autonom. Andere Gesellschaftsbereiche wie Erziehung, Wissenschaft oder Recht folgten. So erblickte die dritte Form gesellschaftlicher Differenzierung das Licht der Welt: die funktionale Differenzierung, die spätestens seit Mitte des 19. Jahrhunderts die Macht übernommen hat.

Nun ist die Gesellschaft nicht mehr, wie in archaisch und hierarchisch gegliederten Gesellschaften, differenziert nach der Klassifizierung von ganzen Menschen, sondern nach Typen von Kommunikationen, die von den einzelnen Funktionssystemen wie Politik, Wissenschaft oder Wirtschaft geleitet werden. Menschen gehören nun nicht mehr nur einem Teilsystem an, sondern verschiedenen Funktionssystemen gleichzeitig. Alle Funktionssysteme sind für alle Personen zugänglich – aber immer nur unter partikularen Personenmerkmalen, immer nur in bestimmten Rollen, etwa als Politiker, Angestellter, Liebender, Systemtheoretiker.

Funktionssysteme: Codes mit Programm

Der Begriff »Funktionssystem« bzw. »Subsystem« ist von zentraler Bedeutung für das Verständnis der modernen Gesellschaft: Durch Subsystem-Bildung, das heißt durch Wiederholung der Systembildung in Systemen, reduziert das Gesellschaftssystem seine riesige Eigenkomplexität.

Die Funktionssysteme der Gesellschaft arbeiten wie eine Art Filter für Kommunikation. Sie verwandeln unwahrscheinliche Kommunikation in wahrscheinliche, indem sie eigenständige Hoheitsgebiete innerhalb der Gesellschaft bilden. Dort haben nur sie, und nicht zum Beispiel eine übergreifende Moral, das Sagen. Jedes Subsystem – etwa Wissenschaft, Wirtschaft, Recht, Erziehung, Politik, Religion, Massenmedien, Intimbeziehungen oder Kunst – bestimmt selbst darüber, welche Kommunikationen aneinander anschließen können.

Das Zaubermittel, mit dem die Funktionssysteme die Kommunikation kanalisieren, sind ihre »binären Codes«: Eine Positiv/Negativ-Codierung regelt für jedes Subsystem die Zugangsmöglichkeiten, alle anderen Möglichkeiten werden ausgeschlossen. So lautet der Code des Wissenschaftssystems »wahr/unwahr« und definiert damit, dass in der Wissenschaft Erkenntnisse ausschließlich unter diesem Kriterium behandelt werden – und nicht etwa danach, ob sie »persönlich/unpersönlich« (Intimbeziehungen) oder »rechtmäßig/nicht rechtmäßig« (Recht) sind.

Die Codierungen der Subsysteme beschränken also die Bedingungen, unter denen selbst schwer hinnehmbare Kommunikationsangebote dennoch akzeptiert werden – und machen damit die unwahrscheinlichsten Kommunikationen wahrscheinlich. So nimmt man, wenn der Rechtscode benutzt wird, ein negatives

Gerichtsurteil hin, auch wenn man sich selbst nicht im Unrecht sieht. Ein Sozialhilfeempfänger muss akzeptieren, dass er einem Millionär trotzdem Miete zahlen muss, wenn der Wirtschaftscode (zahlen/nicht zahlen) benutzt wird. Wenn wissenschaftliche Methoden (wahr/unwahr) angewandt werden, wird auch Unwahrscheinliches geglaubt, zum Beispiel die Systemtheorie. Und wenn man liebt (persönlich/nicht persönlich), akzeptiert man die unmöglichsten Verhaltensweisen der geliebten Person.

Die »richtige« Zuordnung der Codewerte regelt bestimmte Programme. Während der binäre Code für die Schließung des Systems sorgt, ermöglichen Programme seine Offenheit. In der Politik sind das Regierungs- und Parteiprogramme, in der Kunst bestimmte Stilprinzipien, im Recht Gesetze, in der Wissenschaft bestimmte Theorien, in der Wirtschaft Budgets und Preise. Der Code ist für ein Subsystem der blinde Fleck, den es selbst nicht beobachten kann, ohne sich in Paradoxien zu verstricken; Programme dagegen ermöglichen den »Einbau« der Umwelt.

Evolutionstheoretisch heißt das: Die eigene Codierung und Programmierung ist für die Evolution eines Funktionssystems zugleich Voraussetzung und Folge. Die strikte Codierung ist zwar unverrückbar, erzeugt aber auf der Ebene der Programme offene Möglichkeitsräume, die wiederum Variationen für Selektionen wahrscheinlicher machen.

Wie streng die so programmierten Codewerte eingehalten werden, hat Luhmann selbst feldforscherisch getestet: »Bei einem Versuch, mit einer Ladeninhaberin längere Verhandlungen über den Preis einer Tafel Schokolade zu führen, habe ich die Erfahrung gemacht, dass sie anstelle von Argumenten immer wieder auf das Preisschildchen verwies, auf dem der Preis deutlich sichtbar geschrieben stand.« (SoSy, 583)

Die variable Programmierung der unvariablen Codewerte begünstigt die Abstimmung der Funktionssysteme untereinander. So kann sich die Wirtschaft den rechtlichen Richtlinien des Wirtschaftsverkehrs anpassen, und die Erziehung kann religiöse Standards tolerieren – erst recht, wenn sogar das politische System die

Religiosität noch im Namen trägt, siehe die bayrische »Kruzifix-debatte«. Auf diese Weise entstehen im Zeichen der funktionalen Differenzierung zahlreiche Formen struktureller Kopplungen zwischen den verschiedenen Subsystemen. Politik und Wirtschaft sind etwa über Steuern und Abgaben gekoppelt, und Wahlerfolge hängen nicht zuletzt auch von wirtschaftlichen Konjunkturen ab. Die strukturelle Kopplung von Recht und Wirtschaft dagegen läuft über Eigentum und Verträge, Erziehung und Wirtschaft sind über Zeugnisse und Zertifikate gekoppelt.

Von besonderer Bedeutung sind dabei die jeweiligen Organisa-tionssysteme, die sich innerhalb der Subsysteme bilden. So sind Wissenschaft und Erziehung über die Organisationsform der Universitäten verbunden. Das Gesamtsystem Gesellschaft über-nimmt für alle Teilsysteme die Funktion einer »internen Umwelt«, und zwar für jedes System in unterschiedlicher Weise. Jedes Funk-tionssystem nimmt seine Umwelt anders wahr, weil es nur seiner eigenen System/Umwelt-Differenz folgt.

Das wiederum macht die zugrunde liegende Paradoxie dieser gesellschaftlichen Differenzierungsform sichtbar. Subsysteme beschreiben stets die gesamte Welt, aber sie können keine all-gemein verbindlichen Beschreibungen abgeben: »Das Funktions-system ist, als Differenz von System und Umwelt begriffen, die Gesellschaft, und es ist sie zugleich nicht. Es operiert geschlossen und offen zugleich. Es verleiht dem eigenen Realitätsanspruch Ausschließlichkeit, wenn auch nur im Sinne einer operationsnot-wendigen Illusion.« (»Ökologische Kommunikation«, 205) Mit anderen Worten: Die Einheit der modernen Gesellschaft ist die Differenz der Funktionssysteme.

Im Schnelldurchgang ist nun das gigantische Gebäude der Gesell-schaft einmal durchschritten: vom Grundriss bis zu den funkelnden Sälen der Subsysteme. Nun gilt es, noch einen näheren Blick auf das Baumaterial sozialer Systeme und den systemtheoretischen Aus-sichtsturm zu werfen: Kommunikation und Beobachtung.

Kommunikation:
Baustein der Gesellschaft

Um genau zu verstehen, wie das Gesellschaftssystem funktioniert, muss man die Mikroebene beobachten, die Grundbausteine, aus denen jedes soziale System gefertigt ist – und die in ihrer Gesamtheit die Gesellschaft ausmachen: Kommunikationen.

Information, Mitteilung, Verstehen: Das 3-in-1-Paket

Luhmanns Definition von Kommunikation erteilt dem herkömmlichen Kommunikationsverständnis eine Absage. Traditionellerweise – etwa in der Sprechakttheorie oder in Habermas' Theorie des kommunikativen Handelns – wird Kommunikation gleichgesetzt mit Handlung. Kommunikationsvorgänge sind dann gelingende oder misslingende Informationsübertragungen vom Sender zum Empfänger.

Das systemtheoretische Verständnis von Kommunikation ist komplexer. Luhmann betrachtet Kommunikation als vollständig geschlossenes, autopoietisches System, das die Elemente, aus denen es besteht, fortlaufend selbst erzeugt und zu Strukturen verbindet. Damit ist Kommunikation ein Sachverhalt sui generis, bei dem nichts übertragen wird. Dementsprechend hat die Kommunikation auch »keinen Zweck«: »Sie geschieht, oder geschieht nicht – das ist alles, was man dazu sagen kann.« (WiK, 10) Wie und warum sie aber geschieht, darüber sagt die Systemtheorie eine Menge.

Return to Sender
»Es wird nichts übertragen.«
Luhmann, »Was ist Kommunikation?«, 8

Luhmann definiert Kommunikation als eine Art 3-in-1-Paket: Jede Kommunikation besteht aus den drei Komponenten Information, Mitteilung und Verstehen. Da soziale Systeme mit dem Medium Sinn operieren, ist jede der drei Komponenten eine Auswahl aus einem Bereich von Möglichkeiten: Eine Information wird ausgewählt, eine Mitteilungsform dieser Information wird ausgewählt, und das Verstehen dieser mitgeteilten Information wird ausgewählt. Jede Information ist also eine Auswahl, an deren Stelle auch eine andere Information kommuniziert werden könnte, und zwar mit einer anderen Mitteilungsweise (etwa mündlich, schriftlich oder körpersprachlich, geflüstert oder geschrien, handschriftlich oder getippt, mimisch oder gestisch), die auf unterschiedliche Weise verstanden werden kann.

Keine Kommunikationskomponente kann für sich alleine vorkommen, nur als Dreigespann werden sie zu Kommunikation. Der springende Punkt dabei ist die dritte Selektion, das Verstehen: Erst das Verstehen erzeugt Kommunikation. Es muss also mindestens ein zweites psychisches System an Kommunikation beteiligt sein.

»Verstehen« ist dabei nicht im psychologischen Sinne zu verstehen, vielmehr ist es ein Produkt der Kommunikation: Nur die Kommunikation legt fest, was verstanden und was nicht verstanden werden kann. Das zeigt sich schon daran, dass über Verstehen oder Missverstehen nicht so einfach kommuniziert werden kann, wie es die Beteiligten gerne hätten. So besagt die Mitteilung »Du verstehst mich nicht« nicht nur: »Du willst nicht akzeptieren, was ich dir sagen will«, sondern teilt auch die Information mit, dass die Kommunikation unter dieser Bedingung des Nichtverstehens nicht fortgesetzt werden kann – und setzt sie damit zugleich fort.

Kommunikatives Verstehen ist also keinesfalls die bloße Wahrnehmung des Verhaltens Anderer, zumal das rein psychische Ereignis Wahrnehmung ja zunächst für Andere unsichtbar bleibt. Vielmehr geht es darum, einen Unterschied zu verstehen: zwischen der inhaltlichen Information und den Gründen, aus denen sie mitgeteilt wird. Eine mitgeteilte Information versteht sich ja nicht von selbst. Erst wenn der Verstehende dem Mitteilenden einen Unterschied zwischen Information und Mitteilung unterstellen kann, handelt es sich um Kommunikation.

Wenn also jemand nicht auf eine Ansprache reagiert, handelt es

Verstanden?

»Was immer die Beteiligten in ihrem je eigenen selbstreferenziell-geschlossenen Bewusstsein davon halten mögen: Das Kommunikations-system erarbeitet sich ein eigenes Verstehen oder Missverstehen.«

Luhmann, »Was ist Kommunikation?«, 6

sich noch nicht um Kommunikation, solange das Nichtreagieren als rein akustisches Überhören verstanden wird. Dann wäre das Nichtreagieren zwar eine Information, die aber noch nicht mitgeteilt wurde. Wird die Nichtreaktion aber als vorgebliches Überhören verstanden, handelt es sich um Kommunikation, denn jetzt wurde zwischen Information und Mitteilung unterschieden. In diesem Sinne kann nur die Kommunikation die Kommunikation beeinflussen. Was nicht kommuniziert wird, kann auch nichts zur Kommunikation beitragen.

Handlungs-Bedarf: Camouflage der Kommunikation

Psychische Systeme sind füreinander undurchschaubar und damit auch unberechenbar: Keiner kann wissen, was ein Anderer denkt. Treffen zwei dieser »black boxes« aufeinander, herrscht daher laut Luhmann eine Situation »doppelter Kontingenz«, eine Situation, in der beide Teilnehmer nicht wissen können, was im jeweiligen Gegenüber vorgeht. Wie kann aus einer derartig »unkommunikativen« Ausgangslage gelingende Kommunikation werden? Anders gefragt: Wenn durch diese doppelte Kontingenz schon das schlichte Einander-Verstehen im alltäglichen Gespräch zur hochkomplexen Angelegenheit wird – wie ist es dann möglich, dass Kommunikationen aneinander anschließen können, dass sich kommunikative Prozesse und Strukturen bilden?

Wer weiß?
»Ob ich meine, was ich sage, weiß ich nicht. Und wenn ich es wüsste, müsste ich es für mich behalten.«
Luhmann, »Wie ist Bewusstsein an Kommunikation beteiligt?«, 53

Die Antwort lautet: indem sich die Kommunikation als Handlung tarnt. Sie tut so, als sei sie nicht die Einheit von Information, Mitteilung und Verstehen, sondern einfach nur Mitteilung pur. Die Maskerade als Mitteilung macht es möglich, eine Kommunikation einer Person zuzuschreiben, so, als ob ein Sender einem Empfänger etwas mitteilen könnte, ohne dass diese Mitteilung erst verstanden werden müsste. Handelnde Personen sind in diesem Sinne eine Erfindung der Kommunikation. Soziologische »Handlungs-Reisende« wie Max Weber oder Jürgen Habermas ließen sich von dieser Camouflage der Kommunikation täuschen –

und übersahen dabei die eigentliche Komplexität von Kommunikation.

Mit der Zuschreibung einer Kommunikation als Handlung einer Person reduziert die Kommunikation Komplexität und macht sich selbst anschlussfähig. Erst die Selbstbeschreibung als Handlung lässt Kommunikationen zu Ereignissen werden, die zu einem bestimmten Zeitpunkt stattfinden und dann angenommen oder abgelehnt werden können. Insofern verdoppelt Kommunikation die Realität: Sie schafft immer zwei Versionen, eine Ja- und eine Nein-Fassung. Nur so kann eine Kommunikation auf kommunikativ verständliche Weise angenommen oder abgelehnt werden. Mehr noch: Sie muss angenommen oder abgelehnt werden – und sei es durch einen explizit kommunizierten Abbruch der Kommunikation.

Paradise Lost
»Einmal in Kommunikation verstrickt, kommt man nie wieder ins Paradies der einfachen Seelen zurück.«
Luhmann, »Soziale Systeme«, 207

So vollzieht sich die Autopoiesis des Kommunikationssystems: Ausgehend vom Problem der doppelten Kontingenz wird die Trinität von Information, Mitteilung und Verstehen als Handlung ausgeflaggt, eine Selbstvereinfachung, die Anschlusshandeln zugleich ermöglicht und erzwingt. Dadurch wird Kommunikation zu einem gerichteten Prozess, der sich selbst fortpflanzt. Das Resultat ist soziale Ordnung – wie »unordentlich« auch immer.

Die Zuschreibung als Handlung ist jedoch nicht die einzige Selbstbeschreibung der Kommunikation. Eine weitere ist die Zuschreibung als Erleben. Während Handeln eine Zurechnung zum System selbst ist, bedeutet Erleben eine Zurechnung zur Umwelt. Die gesellschaftlichen Zentralinstanzen, die diese Zurechnungsweisen kompatibel machen, um Kommunikation gelingen zu lassen, nennt Luhmann »symbolisch generalisierte Kommunikationsmedien«.

Symbolisch generalisierte Kommunikationsmedien:
Die Wahrscheinlichmacher

Für die Autopoiesis sozialer Systeme gilt: Nur angenommene Kommunikation ist gute Kommunikation. Aber schon die Komplexität des bloßen Gesprächs zeigt, dass jede Kommunikation das Risiko der Ablehnung birgt. Alle Kommunikation ist riskant. Hier hat die gesellschaftliche Evolution nun eine Art Risikominimierungsmaschinerie hervorgebracht: symbolisch generalisierte Kommunikationsmedien. Sie nutzen kommunikative Zuschreibungen als Handlung und Erleben en masse und situationsübergreifend, um unwahrscheinliche Kommunikation wahrscheinlich zu machen.

> **Wer kommuniziert?**
>
> »Menschen können nicht kommunizieren, nicht einmal Gehirne können kommunizieren, nicht einmal das Bewusstsein kann kommunizieren. Nur die Kommunikation kann kommunizieren.«
>
> Luhmann, »Wie ist Bewusstsein an Kommunikation beteiligt?«, 37

Kommunikationsmedien wie zum Beispiel Geld (im Funktionssystem Wirtschaft), Wahrheit (Wissenschaft) oder Macht (Politik, Recht) schaffen es, die Erwartungen aller beteiligten Systeme so zu bündeln, dass eine Art »common sense« in der Gesellschaft entsteht, als ob mit einem durchgängigen Konsens zu rechnen sei oder eine »öffentliche Meinung« existieren würde. So ist es ja durchaus erwartbar, dass man beim Bäcker mit Geld bezahlen kann und nicht etwa mit Perlen oder Gemüse, oder dass ein Professor wahre Erkenntnisse lehrt und keine Märchen erzählt.

Dass diese wechselseitigen Erwartungserwartungen zu Kommunikationsannahmen motivieren, versteht sich von selbst: Der Versuch, beim Bäcker Äpfel gegen Brot einzutauschen, dürfte nur geringe Chancen auf Erfolg haben – deshalb geht man ungefragt davon aus, dass Brot nur für Geld zu haben ist. Das Geld symbolisiert also sozusagen die Wiederverwendbarkeit der Differenz »zahlen/nicht zahlen«. Auf diese Weise gelingt es symbolisch generalisierten Kommunikationsmedien, erfolgreiche Kommunikation auch über den Kreis von Anwesenden hinaus und in unbekannten oder unbequemen Situationen wahrscheinlich zu machen. Kommunikationsmedien machen die Annahme von Kommunikation schmackhaft bzw. die Ablehnung bitter und erhöhen damit die Annahmechancen auch »ungemütlicher« Kommunikationen.

Diese wundersame Wahrscheinlichmachung erfolgreicher Kommunikation läuft über verschiedene Zuschreibungen als Handeln und Erleben. Wie erwähnt, ist Handeln eine Zurechnung zum System selbst, Erleben dagegen eine Zurechnung zur Umwelt des Systems. Kreuzt man die Unterscheidungen System/Umwelt und Handeln/Erleben, ergeben sich vier verschiedene Zurechnungsmöglichkeiten, die von den Medien der verschiedenen Funktionssysteme erfüllt werden. So kann man 1. das eigene Erleben am Erleben Anderer orientieren (Kommunikationsmedium Wahrheit im Funktionssystem Wissenschaft), 2. das eigene Erleben an den Handlungen Anderer orientieren (Geld/Wirtschaft, Kunstwerke/Kunstsystem), 3. das eigene Handeln am Erleben Anderer orientieren (Liebe/Intimbeziehungen) und 4. das eigene Handeln am Handeln Anderer orientieren (Macht/Politik, Recht/Rechtssystem).

Demzufolge wird etwa in Intimbeziehungen das Erleben der geliebten Person zur Voraussetzung des eigenen Handels: Das Kommunikationsmedium Liebe macht die Selbstbeschreibung der Kommunikation als Handlung rückgängig und paradoxiert sie, sodass auch die wildesten Aktivitäten als Passion, als Leiden, als Erleben wahrgenommen werden. Beide Liebenden können damit ihre Freiheit als Zwang darstellen und so tun, als seien ihre Handlungen jeweils vom Anderen verursacht.

Die entgegengesetzte Zuschreibungsweise – das Handeln Anderer wird erlebt – scheint zunächst wenig problematisch: »Man sieht, dass der Nachbar seinen Rasen mäht. Warum nicht?« (GdG, 347) Schwierig wird es jedoch zum Beispiel im Funktionssystem Wirtschaft, wenn es um Besitz geht. Hier stellt das Medium Geld sicher, dass man damit machen kann, was man will – zum Beispiel Gehaltskürzungen aussprechen oder teure Autos kaufen, während andere darben. Das ist ein alles andere als selbstverständlicher Sachverhalt. »Die antimonetären Affekte von Luther bis Marx und ihre sozialen Erfolge lehren, wie unwahrscheinlich eine solche Zumutung des Stillhaltens ist. Aber es funktioniert trotzdem.« (GdG, 348)

Nach diesem Muster gelingt symbolisch generalisierten Kommunikationsmedien auch in den anderen Funktionssystemen die Wahrscheinlichmachung unwahrscheinlicher Kommunikationen. Ähnlich wie in der Wirtschaft wird im Kunstsystem fremdes Handeln (ein hergestelltes Kunstwerk) erlebend wahrgenommen – weshalb sich die Kunst, ähnlich wie der Liebescode, bestimmter Paradoxierungstechniken bedienen muss (mehr dazu im Kapitel »Praktisch: Eine Theorie für alle Fälle«). In der Wissenschaft stellt das Kommunikationsmedium Wahrheit die unwahrscheinliche Tatsache sicher, dass fremdes Erleben (eine beobachtete wissenschaftliche Wahrheit) zur Voraussetzung des eigenen Erlebens wird. In Politik und Recht hingegen wird das Handeln Anderer zur Prämisse des eigenen Handelns gemacht – hier macht's die Macht.

Diese Tiefenwirkung symbolisch generalisierter Kommunikationsmedien zeigt sich auch in den so genannten »symbiotischen Mechanismen« bzw. »symbiotischen Symbolen«. Sie stellen die Verbindung zum Organischen her und bilden eine Art strukturelle Kopplung der Kommunikationsmedien mit den Körpern der Beteiligten. Der symbiotische Mechanismus der politischen und juristischen Macht ist die physische Gewalt, beim Geld sind es die Bedürfnisse bzw. der Konsum, bei der wissenschaftlichen Wahrheit die Wahrnehmung, in der Liebe die Sexualität.

Interessant ist dabei vor allem die Frage, wie sich die Kommunikation von Körperlichkeit irritieren lässt bzw. wie die verschiedenen Kommunikationsmedien mit körperlichen Bedürfnissen und Beanspruchungen umgehen. Dass symbiotische Symbole über ein hohes Irritationspotenzial verfügen, ist jederzeit beobachtbar: »So kann schon ein frecher Blick als Beginn physischer Gewalt gelten oder ein Tag ohne Bier und Tabak als Notstand.« (GdG, 381) Diese Körperkomponente bindet die Kommunikationsmedien heute vor allem an Organisationen, die das Organische »managen«. So wird etwa die Ausübung physischer Gewalt polizeilich bzw. militärisch kontrolliert – und pharmazeutische Konzerne oder Flirtagenturen helfen der Sexualität auf die Sprünge.

Die Gesamtheit aller Medien – der Sprache, der Verbreitungsmedien und der symbolisch generalisierten Kommunikationsmedien – bildet dann das, was man mit dem Begriff »Kultur« bezeichnen könnte: eine Art Systemgedächtnis der Gesellschaft, das eine gemeinsame Wertebasis schafft.

Die Kommunikation kommuniziert und sichert ihre Autopoiesis, indem sie sich als Handlung bzw. Erleben vereinfacht und ihre Anschlusschancen über die Zuschreibungen symbolisch generalisierter Medien erhöht. Wer das einmal begriffen hat, wird Kommunikation nicht weniger komplex beobachten können.

Beobachtung: Ich sehe was, was du nicht siehst

Nachdem das System der Systemtheorie nun bis in die feinen Verästelungen der Kommunikation ausgeleuchtet wurde, soll das Luhmann'sche Differenzdenken noch einmal anhand eines weiteren zentralen Begriffes beschrieben werden: Beobachtung.

Die zwei Seiten der Unterscheidung: Draw a Distinction!

Es verwundert nicht, dass »Beobachtung« im systemtheoretischen Sinne wenig mit dem zu tun hat, was man im Alltag darunter versteht. Es geht nicht um Sehen oder Überwachen, nicht um das Handeln von Personen, sondern um eine allgemeine Theorie der Beobachtung. Dafür hat Luhmann die operative Logik des englischen Logikers, Philosophen und Computerfachmanns George Spencer Brown in die Systemtheorie importiert.

Laut Spencer Brown ist Beobachten die Operation des gleichzeitigen Unterscheidens und Bezeichnens. Die oberste Anweisung lautet »Draw a distinction!«: Triff eine Unterscheidung! Jede Beobachtung braucht eine Unterscheidung, eine Differenz, mit der sie beobachten kann. Damit ist jede Beobachtung eine Konstruktion des beobachtenden Systems. Alles, was beobachtet wird, hängt ab von der Unterscheidung, die eine Beobachtung verwendet – in diesem Buch zum Beispiel die Unterscheidung »Systemtheorie / nicht Systemtheorie«.

Die beobachtenden Elemente sozialer Systeme sind Kommunikationen. Die Elemente, die beobachtet werden, sind Handlungen. Entsprechend sind in psychischen Systemen die beobachtenden Elemente Gedanken, während die beobachteten Elemente Vorstellungen sind. Soziale und psychische Systeme sind aber nicht

Kein Fake

»Auch Beobachtungen sind durchaus *reale* Ereignisse, also Operationen. Sie können sich nur in operativ geschlossenen Systemen anschlussfähig realisieren.«

Luhmann, »Gesellschaft der Gesellschaft«, 538

die einzigen beobachtenden Systeme. Ein Thermostat zum Beispiel beobachtet seine Umwelt anhand der Differenz »aktuelle Temperatur/programmierte Temperatur«.

Jede Beobachtung vollzieht mit der Bezeichnung einer Unterscheidungsseite (»aktuelle Temperatur«) zugleich die Mitbezeichnung der anderen Seite (»programmierte Temperatur«). Etwas kann nur dann bezeichnet werden, wenn es von etwas anderem unterschieden wird. Weil aber meist nur die Bezeichnung explizit genannt wird, zum Beispiel »Ja« und nicht »nicht Nein« oder »Niklas Luhmann« und nicht »nicht Jacques Derrida« oder »nicht der Rest der Welt«, ist die bezeichnete Seite sichtbarer als die zu Grunde liegende Unterscheidung.

Entscheidend ist, dass eine gleichzeitige Bezeichnung beider Seiten unmöglich ist: Keine Beobachtung kann sich im Moment des Beobachtens selbst beobachten, keine Beobachtung kann zugleich innen und außen sein. Die eigene Unterscheidung ist der blinde Fleck jeder Beobachtung. Das Beobachten »kann nur sehen, was es mit dieser Unterscheidung sehen kann. Es kann nicht sehen, was es nicht sehen kann« (»Die Wissenschaft der Gesellschaft«, 85). Zugleich ermöglicht aber erst dieser blinde Fleck das Beobachten – denn ohne Unterscheidung kann es kein Beobachten geben.

Fleck mit Zweck
»Jede Beobachtung braucht ihre Unterscheidung und also ihr Paradox der Identität des Differenten als ihren blinden Fleck, mit dessen Hilfe sie beobachten kann.«
Luhmann, »Stenographie«, 123

Einsicht durch Blindheit:
Beobachtung erster und zweiter Ordnung

Ein Beobachter kann zwar die eigenen Beobachtungen nicht gleichzeitig selbst beobachten – aber er kann die Beobachtungen anderer Beobachter beobachten. Diese Beobachtungsbeobachtung nennt Luhmann Beobachtung zweiter Ordnung. Eine Beobachtung zweiter Ordnung kann die Unterscheidung anderer Beobachtungen beobachten und damit auch deren blinde Flecke.

Damit nimmt die Beobachtung zweiter Ordnung allerdings keine privilegierte Position ein. Sie ist nicht hierarchisch höher angesiedelt, sondern bleibt ebenso an ihren eigenen blinden

Fleck gebunden und ist insofern selbst eine Beobachtung erster Ordnung. Aber sie ermöglicht Rückschlüsse auf das eigene Beobachten: Ein Beobachter zweiter Ordnung kann zumindest sehen, dass er nicht sehen kann, was er nicht sehen kann. Er erkennt, dass jede Beobachtung, also auch die eigene, an einen blinden Fleck gebunden ist bzw. dass jede Beobachtung eine seltsame Kombination aus Blindheit und Sehen ist. Dieses Aufdecken von blinden Flecken relativiert die eigene Perspektive. Es zeigt, dass keine Beobachtung alles beobachten kann.

Die moderne Gesellschaft operiert auf dieser Beobachtungsebene zweiter Ordnung. In einer funktional differenzierten Gesellschaft hängt jede Beobachtung vom Beobachterstandpunkt ab, alles ist auch eine Frage der Perspektive. Die Welt wird »polykontextural«: Es gibt unzählige Unterscheidungen, aber es kann keine übergreifende, »richtige« Sicht der Dinge mehr geben. Jeder Beobachter beobachtet mit blinden Flecken, die für ihn selbst unsichtbar sind und von anderen Beobachtern aufgedeckt werden können.

Mit »zeitlicher Verspätung« macht die Beobachtung zweiter Ordnung aber auch eine Selbstbeobachtung möglich. Zwar kann keine Beobachtung zugleich innen und außen sein, zugleich auf beiden Seiten der Unterscheidung. Doch mit einer späteren Operation kann die zuvor unbezeichnete Seite bezeichnet werden, also zum Beispiel »nicht Systemtheorie« statt »Systemtheorie« (was im folgenden Kapitel, beim Vergleich der Systemtheorie mit anderen Theorien, passiert). Spencer Brown nennt diese Bezeichnung der anderen Seite »crossing«. Wird ein crossing auf sich selbst angewandt (ein so genannter »re-entry«), ermöglicht das auch eine Beobachtung der eigenen Beobachtung. Zwar braucht jeder Seitenwechsel Zeit, das wissen nicht nur Fußballfans. Aber die zeitliche Entfaltung löst die Paradoxie der Gleichzeitigkeit von Innen und Außen auf.

Auch hier beobachtet sich die Systemtheorie wieder selbst, denn auch sie ist eine Form der Beobachtung zweiter Ordnung.

Beobachter beobachten

»Ein Beobachter kann nicht sehen, was er nicht sehen kann. Er kann auch nicht sehen, dass er nicht sehen kann, was er nicht sehen kann. Aber es gibt eine Korrekturmöglichkeit: die Beobachtung des Beobachters.«
Luhmann, »Reden und Schweigen«, 10f.

Luhmann beansprucht die Beobachtungsunterscheidung »System/Umwelt« ja nicht als Prinzip, sondern erkennt durchaus das Beobachten mit anderen Unterscheidungen an, etwa die Leitunterscheidungen »Arbeit/Kapital« bei Marx oder »kommunikatives/strategisches Handeln« bei Habermas. Selbstverständlich kann man also die Gesellschaft auch anders beobachten und beschreiben – »die gesamte Tradition hat dies getan« (SoSy, 593). Die Frage ist nur, welche blinden Flecken man dann in Kauf nimmt.

Luhmann erweitert das »Ich sehe was, was du nicht siehst« zum »Ich sehe, dass ich selbst nicht alles sehen kann, wenn ich sehe, was du nicht siehst«. Man kann die Systemtheorie daher auch als eine Anleitung zum Beobachten betrachten: Sie trainiert die Wahrnehmung von Differenzen und Relativität.

Kontrahenten und Verbündete

Ein Vergleich der Systemtheorie mit konkurrierenden Theorien liefert eine Kontrastfolie: Das Aufzeigen von Gemeinsamkeiten und Unterschieden schärft das Verständnis der Systemtheorie – und macht zugleich ihr besonderes Beobachtungspotenzial beobachtbar.

Dissens über Konsens: Habermas vs. Luhmann

Mit einer »Hierarchisierung des Besserwissens« (»Die Wissenschaft der Gesellschaft«, 510) hat Luhmann nichts am Hut. Das zeigt schon die Objektivität seiner Beobachtungstheorie: Eine Beobachtung zweiter Ordnung nimmt keine privilegierte Position ein gegenüber einer Beobachtung erster Ordnung. Gerade diese »Enthaltsamkeit« jedoch hat die Systemtheorie immer wieder zur Zielscheibe von »Besserwissern« erster Ordnung werden lassen. Der bekannteste dürfte Jürgen Habermas sein.

Neben dem Positivismusstreit war die so genannte Habermas-Luhmann-Kontroverse die wohl bedeutendste Debatte der sechziger/siebziger Jahre. Dokumentiert wurde sie vor allem in dem 1971 erschienenen Habermas-Luhmann-Buch »Theorie der Gesellschaft oder Sozialtechnologie«. Bereits der Buchtitel zeigt das polemische Potenzial des Disputs und die ungleiche Rollenverteilung: Die Habermas-Fraktion schrieb sich gewissermaßen selbst die »Theorie der Gesellschaft« zu, Luhmann erhielt den Platz der »Sozialtechnologie«.

Eröffnet wurde der Streit von Seiten der Frankfurter Schule, die ihren Anspruch auf Emanzipation und Kritik gegenüber der Gesellschaft an der vermeintlich »herrschaftskonformen« Systemtheorie festmachte. An saftigen Attacken sparte Habermas dabei nicht. So prangerte er eine »kritiklose Beugung der Gesellschaftstheorie unter die Zwänge der Reproduktion der Gesellschaft« an und witterte eine »Apologie des Bestehenden um seiner Selbsterhaltung willen« (»Theorie der Gesellschaft oder

Sozialtechnologie«, 170). Alles in allem wurde Luhmann verurteilt als eine Art Funktionalist, der sich affirmativ gegenüber der Gesellschaft verhalte.

Im neomarxistisch dominierten Akademikermilieu der siebziger Jahre fiel diese Polemik auf fruchtbaren Boden: Eingreifen war angesagt, und Luhmanns Präferenz für ein distanziertes Beobachten galt, gelinde gesagt, als ziemlich unzeitgemäß, wenn nicht als reaktionär. So war die Systemtheorie ein gefundenes Fressen für die Kreuzritter der Kritik, die ihre eigene Autopoiesis über eine fortlaufende Luhmann-Schelte organisierten.

Trotz aller Zurückhaltung konnte auch Luhmann sich einige scharfzüngige Spitzen in Richtung Frankfurter Schule nicht verkneifen. So bekannte Luhmann, er sei irritiert durch die »Attitüden des Besserwissens« und »diese Humorlosigkeit, dieses sozusagen direkte Verhältnis zu den Dingen, dieses Dafür-oder-Dagegen. Eine leise Distanz mag auch einfach eine Geschmacksfrage sein.« (Auw, 117)

Entscheidender jedoch war die Sachfrage, und da empfand Luhmann das Niveau der Frankfurter Schüler schlicht als zu niedrig. Das Fehlen einer eigenen systematischen Position jenseits von Protest und Resignation verdarb ihm den Spaß am Streiten: »Ich gewinne, was man bei einer guten Kontroverse müsste, eigentlich nicht viel bei der Lektüre von Jürgen Habermas.« (Auw, 119) Vor allem die Ausrichtung auf eine moralische Verpflichtung von Gesellschaftstheorie störte Luhmann. Dies schaffe zwar eine Art Sonderattraktivität, beschränke die Theorie jedoch auf eine kritisch-ablehnende Haltung. Habermas' Hauptunterscheidung affirmativ / kritisch beobachtete Luhmann deshalb als »spezifischen Fall von Blindheit« (»Soziologische Aufklärung V«, 233), als die theoretisch zu simple Perspektive eines Beobachters erster Ordnung.

Aus systemtheoretischer Sicht ist Habermas' Kritik an der Systemtheorie schon deshalb zum Scheitern verurteilt, weil sie ihr

Simple Minds?
»Ich finde, dass man mit dem Theoriekonzept der ›Frankfurter Schule‹, wenn es ein solches überhaupt gibt, wissenschaftlich nicht arbeiten kann. Das ist eine Position, die nicht kompliziert genug, nicht variantenreich genug ist … um etwas anderes als ein protestierendes oder resignatives Verhalten zu provozieren.«
Luhmann, »Archimedes und wir«, 126

54

Ziel bereits im Ansatz verfehlt: Sie attackiert eine wissenschaftliche Theorie mit politischen Begriffen, benutzt also schlicht die falsche Systemreferenz. Darüber hinaus erscheint Habermas' Vorstellung einer gelingenden Intersubjektivität fragwürdig: Betrachtet man das Bewusstsein als operativ geschlossenes autopoietisches System, kann eine bewusste Verknüpfung von Bewusstseinen gar nicht möglich sein.

Habermas hingegen betrachtet Kommunikation bzw. kommunikatives Handeln als einen Prozess intersubjektiver Verständigung – eine Annahme, der schon die grundlegende Bedeutung von Differenzen für die Bildung sozialer Systeme widerspricht: Um anschlussfähig zu sein, muss die Kommunikation Möglichkeiten der Annahme oder Ablehnung provozieren. Konsens hingegen würde zu einer Art Selbsteinschläferung der Kommunikation führen: Was könnte woran anschließen? Luhmann zufolge ist Habermas' Konsens-Theorie daher »schon empirisch schlicht falsch« (WiK, 10): Man kann schließlich auch kommunizieren, um Dissens zu produzieren. Abgesehen davon ist jeder »Konsens«, auch wenn er von mehreren Teilnehmern festgestellt wird, stets nur ein Konstrukt von Beobachtern, also *deren* Leistung und nicht die der Kommunikation. Weder Konsens noch Dissens sind der Kommunikation implizit.

Auch wenn sich der Habermas-Luhmann-Dissens am Ende nicht in wohlgefälligen Konsens auflöste, so scheint Habermas doch immerhin ein wenig dazugelernt zu haben: Spätestens seit 1984 Luhmanns erstes Hauptwerk »Soziale Systeme« erschien, hat er ihm zunehmend Reverenzen erwiesen und verstärkt an systemtheoretische Begrifflichkeiten angeknüpft. Eine intersubjektive Verständigung beider Denkerhirne jedoch ließ bis zuletzt auf sich warten.

Kaffeepause
»Selbst wenn man endlich einen Parkplatz gefunden hat und nach langen Fußmärschen das Café erreicht hat, wo es in Rom den besten Kaffee geben soll, und dann die paar Tropfen trinkt – wo ist da Konsens oder Dissens, solange man den Spaß nicht durch Kommunikation verdirbt?«
Luhmann, »Was ist Kommunikation?«, 10

Konservativ, inhuman, relativistisch: Böse Vorurteile, gute Entkräftungen

Vorwürfe gegenüber der Systemtheorie resultieren zumeist aus einer Melange aus Missverständnissen und selbst produzierten Vorurteilen – drei besonders prominente Unterstellungen sollen hier kurz dargestellt und entkräftet bzw. relativiert werden. Sie kristallisieren sich um die Begriffe Konservatismus, Inhumanität und Relativismus.

Der Vorwurf einer konservativen Haltung der Systemtheorie trägt, wie gesehen, habermasianische Züge. Er ist verbunden mit gesellschaftskritischen Zuschreibungen wie »herrschaftskonform« und macht sich letztlich an der Tatsache fest, dass die Systemtheorie keine Handlungsanweisungen, die über das bloße Beobachten hinausgehen, machen will bzw. kann. Dabei muss sich die Systemtheorie in Sachen kritisches Potenzial keineswegs verstecken: Ihr äquivalenzfunktionalistisches Design – das Ansetzen bei Problemen, die auf verschiedene Weise lösbar sind – provoziert ja geradezu das Aufzeigen von Alternativmöglichkeiten. Und die Beobachtung der blinden Flecken anderer Beobachtungen funktioniert wie ein Detektor für defizitäre Denkweisen, was auch das Aufzeigen verbesserungswürdiger Verhältnisse einschließt.

Bei einer auf Konservatismus zielenden Kritik spielt nicht zuletzt die Vokabel »System« eine Rolle: Sie suggeriert eine Art vorgefertigte Form, an die sich alles anzupassen habe. Dieser Verdacht mag auf Parsons' strukturell-funktionalistische Systemtheorie zutreffen, nicht jedoch auf Luhmanns funktional-strukturelle Variante. Luhmann geht es ja nicht primär um die Bestandserhaltung von Systemen, sondern um die Beobachtung der Autopoiesis selbstreferenzieller Systeme – die ohne Irritationen von Seiten der Umwelt gar nicht möglich wäre. So stellt er explizit klar, dass seine Theorie keinesfalls eine »Eliminierung des Schädlichen oder Nichtanpassungsbereiten« (SoSy, 165) im Schilde führt. Es geht ihm nicht um die Sicherung sozialer Ordnung, son-

Konservative Kritik

»Ich habe den Eindruck, dass in der Frankfurter Schule ein Moralkonservatismus oder eine alteuropäische Konfiguration noch ein Rolle spielt.«
Luhmann, »Archimedes und wir«, 152

dern um die Frage, wie und aus welchen Unwahrscheinlichkeiten soziale Ordnung überhaupt entsteht.

Einem weiteren Vorwurf zufolge soll die Systemtheorie eine »inhumane« Theorie sein, weil in ihr keine Menschen vorkommen, sondern lediglich Systeme. Tatsächlich verortet Luhmann ja das »Ding Mensch« (SoSy, 428) in der Umwelt sozialer und psychischer Systeme. Dass diese Sichtweise jedoch ein wesentlich differenzierteres Bild auch des Menschen ermöglicht, wurde gerne über- und nur langsam eingesehen. Wahrscheinlich, weil es schlicht zu unwahrscheinlich schien. Dabei folgt aus der Beobachtung, dass Kommunikation eine eigenständige Ordnungsebene bildet, ja nicht, dass der Mensch nun plötzlich überflüssig wäre. Im Gegenteil: Ohne bestimmte organische, neuronale und psychische Zustände kann keine Kommunikation stattfinden. Obwohl der Mensch bei Luhmann also seine privilegierte Position als Subjekt der Kommunikation verliert, ist er für die Autopoiesis der Kommunikation nicht wegzudenken.

Gruselig
»Menschenbilder, so was Grausliges.«
Luhmann, Interview in »Texte zur Kunst«, 1991

Unter Luhmann'scher Optik erscheint der Mensch als eine Kreuzung verschiedener Systemtypen wie organisches System, Immunsystem, neurophysiologisches System und psychisches System. Diese Systeme operieren überschneidungsfrei, sodass kein Direktkontakt zwischen Menschen möglich ist. Der Witz ist aber: Gerade dadurch, dass Luhmann den Menschen aus der Gesellschaft ausschließt, nimmt er ihn erst wirklich ernst. Anders als alle Vorläufer der Gesellschaftstheorie reduziert die Systemtheorie den Menschen nicht auf ein paar Formeln und katalogisiert ihn als eine Art Handlungsmaschine, sondern beobachtet ihn in seiner ganzen Komplexität. Daher kann Luhmann zu Recht behaupten, die Systemtheorie sei eine »Theorie, die, im Unterschied zur humanistischen Tradition, das Individuum ernst nimmt« (»Stenographie«, 131).

Der Vorwurf des Relativismus schließlich speist sich aus der selbstreferenziellen Struktur der Systemtheorie. Luhmann, so die Kritiker, liefere nichts als die hohle Selbstbeschreibung eines

Begriffssystems, eine Art intellektuelles Glasperlenspiel, das sich seine Probleme selbst bastele, um sie dann selbst zu lösen. Die »Realität da draußen« hingegen komme nicht vor.

Dass Luhmann »die Realität« ausspare oder gar leugne, ist, wie gesehen, schlicht falsch: »Es gibt selbstreferenzielle Systeme.« (SoSy, 31) Zwar ist jede Beobachtung immer die Konstruktion eines beobachtenden Systems – doch ohne die Realität gäbe es nichts, was beobachtet werden könnte. Aus erkenntnistheoretischen Gründen lehnt Luhmann lediglich die Vorstellung eines unmittelbaren Zugangs zur Realität ab. Statt auf solche Letztbegründungen setzt sein operativer Konstruktivismus auf das Unterscheiden von Unterscheidungen, um zu beobachten und zu beschreiben, was passiert.

Wie wissen?
»Erkenntnis ist nur möglich, *weil* sie keinen Zugang zur Realität hat.«
Luhmann, »Erkenntnis als Konstruktion«, 8f.

Dass sich dies auf Ebene der Beobachtung zweiter Ordnung abspielt, dort also, wo die eigenen blinden Flecken selbstreflexiv mit einkalkuliert werden, hat also nichts mit einem »substanzlosen« Relativismus zu tun. Im Gegenzug ließe sich eher sagen, dass die Welt nur solchen Beobachtern als relativistisch erscheinen kann, die von einer absolut richtigen Beobachtung der Welt ausgehen. Und solchen Beobachtern erster Ordnung könnte ein bisschen systemtheoretische Perspektivenerweiterung sicher nicht schaden.

Die lieben Verwandten:
Konstruktivismus, Postmoderne, Dekonstruktion

Die Karriere der Systemtheorie könnte man als Rezeptionsgeschichte mit Zwei-Phasen-Wirkung beschreiben: Der ideologiekritischen Abwehrschlacht in den siebziger Jahren folgte seit den achtziger Jahren eine sachlichere Auseinandersetzung. Das lag sicherlich auch daran, dass »artverwandte« Strömungen an Bedeutung gewannen – der Konstruktivismus, die Theorie der »Postmoderne« und der Poststrukturalismus bzw. die Dekonstruktion.

Der Konstruktivismus betrachtet die »Realität«, grob gesagt, als Produkt des Wahrnehmungsvermögens. Das scheint zunächst perfekt übereinzustimmen mit Luhmanns Definition des Bewusstseins als selbstreferenziell-geschlossenes System, das keinen direkten Zugang zur Welt hat. Jede Wahrnehmung ist immer eine systeminterne Interpretation, genauso wie »Realität« nichts weiter ist als ein Produkt der Kommunikation. Auch die traditionelle Unterscheidung zwischen Erkenntnis und Gegenstand erscheint dann als eine Konstruktion.

Die Systemtheorie deshalb aber als radikal-konstruktivistische Theorie zu klassifizieren, wäre grundfalsch. Schließlich geht Luhmann zugleich von realen Systemen aus. Damit positioniert er seine Theorie sozusagen jenseits von Konstruktivismus und Realismus. Die Systemtheorie erweitert den radikalen Konstruktivismus um eine operative Komponente, nach der auch die Operation des Sich-auf-etwas-Beziehens eine reale Operation bildet. Eben deshalb wird Luhmanns Theorie auch als »operativer Konstruktivismus« bezeichnet.

Dieser neuartige Theoriemix ist deshalb möglich, weil Luhmann das konstruktivistische Potenzial der Systemtheorie empirisch-naturwissenschaftlich unterfüttert. So stammt ja das gesamte Autopoiesis-Konzept ursprünglich aus dem Bereich der Kognitionsbiologie. Eine Aussage wie die folgende ist daher zugleich konstruktivistisch und realistisch: »Das, was als Realität konstruiert wird, ist letztlich also nur durch die Beobachtbarkeit von Beobachtungen garantiert.« (»Beobachtungen der Moderne«, 45) Eine solche Beobachtung ist auch die Systemtheorie: Sie erzeugt eine Realität, die man auch anders sehen kann – mit anderen blinden Flecken.

In die Schublade »postmodern« scheint die Systemtheorie aufgrund ihres selbstreferenziellen Designs durchaus zu passen. Von den paradoxen Prämissen über die Perspektivenvielfalt bis hin zur Verabschiedung »großer Erzählungen« und Letztbegründungen wirkt sie geradezu wie ein Paradebeispiel postmodernen Denkens. Dennoch ist Luhmann kein Freund der Vokabel »Postmoderne«.

Die Postmoderne ist für ihn nämlich keine Verabschiedung der Moderne, sondern lediglich ihre Selbstbeschreibung: der Beginn moderner Selbsterkenntnis.

Mag Luhmann auch Probleme mit dem Begriff »postmodern« haben – dass die Systemtheorie eine »poststrukturalistische« Theorie ist, betont er selbst. Schon die zentrale Bedeutung des Ereignis-Begriffs im Gegensatz zur Struktur offenbart dieses poststrukturalistische Potenzial. Eine besondere Affinität besteht dabei zu Jacques Derridas Theorie der Dekonstruktion.

Nach der Struktur
»Das Konzept der Autopoiesis ist eine eindeutig *poststrukturalistische* Theorie.«
Luhmann, »Die Autopoiesis des Bewusstseins«, 407

Sowohl Systemtheorie als auch Dekonstruktion setzen auf die Basiskategorien Zeit und Differenz: In beiden Fällen geht es um eine »Verzeitlichung« von Differenzialität, wobei das Medium Sinn als Aufschubs- und Verweisungsmotor fungiert. Sinn im systemtheoretischen Sinne kann selbst wieder nur im Medium Sinn gefasst werden und bildet damit ein Paradox, das in den Aktualisierungen und Anschlussaktualisierungen zeitlich entfaltet wird. Ähnlich funktioniert Derridas »différance«, die als permanente Sinnverschiebung eine radikale Dekonstruktion der Differenz Signifikant / Signifikat betreibt.

Auch der systemtheoretische Beobachtungsbegriff weist eine Parallele mit dem Konzept der »différance« auf. Eine Beobachtung kann sich nicht zugleich selbst beobachten, das ist erst mit zeitlichem Aufschub der Beobachtung möglich, durch eine Beobachtung zweiter Ordnung. Auch hier handelt es sich also um eine Verschiebung der Differenz, um eine Dekonstruktion.

So auffällig die Gemeinsamkeiten sind, so grundlegend sind die Unterschiede beider Ansätze. Das zeigt sich schon in den seitenverkehrten Ausgangspositionen: Während die Systemtheorie fragt: »Wie ist soziale Ordnung möglich?«, zielt die Dekonstruktion auf eine Subversion dieser Ordnung. Die Systemtheorie setzt beim Staunen über die unwahrscheinliche Entstehung und Erhaltung von Ordnung an, die Dekonstruktion dagegen will herrschende metaphysische Ordnungen unterlaufen.

So entlarvt Derrida den Diskurs der abendländischen Philosophie als logozentrisch, outet binäre Oppositionen als hierarchisch und dekonstruiert sie, indem er die paradoxe Grundstruktur der Ausgangsunterscheidung – und damit zugleich auch seiner eigenen Beobachtungen – sichtbar macht. Deshalb kann die Dekonstruktion auch nur als fortlaufende Selbstdekonstruktion funktionieren: Sie entfaltet große Erzählungen – um sie sofort wieder zu zerstören.

Realistisch
»Alles, was als Realität erfahren wird, ergibt sich aus dem Widerstand von Kommunikation gegen Kommunikation.«
Luhmann, »Die Gesellschaft der Gesellschaft«, 95

Die Systemtheorie schließt sich zwar ebenfalls selbst in ihre Theorie ein, jedoch unter anderen Bedingungen. Gemäß George Spencer Browns Anweisung »Draw a distinction!« entfaltet sie die zugrunde liegende Paradoxie durch Unterscheidungen und Anschlussselektionen. Würde sie sich ständig selbst dekonstruieren, könnte sie ihrem konstruktiven Anspruch nicht gerecht werden: der Erklärung sozialer Ordnung und gesellschaftlicher Evolution, inklusive der Erklärung des eigenen Entstehens – und dem der Dekonstruktion.

Indem die Systemtheorie also auf eine permanente Selbstdekonstruktion verzichtet, ermöglicht sie es sich selbst, weitere Unterscheidungen zu treffen und wissenschaftliche Kommunikation zu betreiben. Im Gegensatz zur selbstzerstörerischen Mitteilungsmanie der Dekonstruktion setzt sie auf Information. Luhmann legt die eigenen Paradoxien offen und benutzt klare Argumente, um das Funktionieren von Gesellschaft zu erklären. Derrida dagegen kann und will evolutionäre Prozesse nicht erklären. Ihm geht es nur darum, die prinzipielle Unmöglichkeit der eigenen Rede zu inszenieren.

So verabschieden beide Theorien die Strukturen abendländischer Denkweisen auf selbstreferenzielle und doch sehr unterschiedliche Art und Weise. Die Dekonstruktion wühlt in den Oppositionen des metaphysischen Denkens, paradoxiert sie und sich selbst – bleibt damit aber notwendigerweise den metaphysischen Sphären verhaftet. Die Systemtheorie hingegen nimmt tatsächlich eine Position jenseits der abendländischen Metaphysik ein: Hier entsteht ein neues Paradigma des Denkens, hier werden

Wahrnehmung und Kommunikation rigoros getrennt und als verschiedene Systeme beobachtet. Und: Hier geht es nicht nur, wie in der Dekonstruktion, um Zeichensysteme, sondern, dem universalistischen Anspruch gemäß, um Unterscheidungen im allumfassenden Sinne.

Die Mixtur aus Konstruktivismus und Dekonstruktion macht die Systemtheorie immun gegen Anfeindungen. Die Konstruktionen der Theorie reflektieren ihre eigene Dekonstruierbarkeit – aber sie dekonstruieren sich nicht selbst, sondern setzen auf konstruktive und produktive Resultate.

Niklas Luhmann:
Der Herr der Systeme

Niklas Luhmanns Biografie ähnelt der Evolution der modernen Gesellschaft: Sie ist hochgradig unwahrscheinlich – und damit auch hochgradig interessant. Dieses Kapitel versucht eine Annäherung an die Frage: Welches psychische System hat sich, in struktureller Kopplung mit welchen sozialen Systemen, die Systemtheorie ausgedacht?

Mönch, Klapperschlange, Workaholic

Mit der Vokabel »Mensch« konnte Niklas Luhmann bekanntlich nicht viel anfangen. In der Systemtheorie kommen Menschen allenfalls als »Personen« vor, als Fixpunkte des Kommunikationssystems, und auch dieser kommunikativen Konstruktion von Personen stand Luhmann sehr skeptisch gegenüber: »Er hätte mit Energie darauf bestanden, hinter den Zumutungen dieser Konstruktionen unbeobachtbar zu sein«, schreibt der Luhmann-Schüler Peter Fuchs in einem Nachruf (»taz«, 12./13.6.1999).

Luhmann fürchtete die »Überattribution« auf Personen, und am liebsten hätte er sich vielleicht im Dienste des objektiven Beobachtertums als Individuum unsichtbar gemacht und in seine Theorie aufgelöst. Eine Beobachtung von Luhmann-Beobachtungen ist also eine potenziell prekäre Sache. Dennoch soll es hier um den Menschen Niklas Luhmann gehen, allerdings nicht in »menschelnder« Manier, sondern im Dienste der Theorievermittlung: als eine Art bewusst begangener Fauxpas, der ein Licht werfen kann auf das psychische System hinter der Systemtheorie, die ja stets ein Ein-Mann-Betrieb war.

»Leicht gebeugt, sehr beamtenhaft, sehr höflich, sehr aufmerksam und: sehr gehemmt« – so beschreibt Peter Fuchs in einem weiteren Artikel (»taz«, 14./15.11.1998) seinen ersten Eindruck

Überschätzt?
»Dass ich nun Autor bin, das führt zu einer Überschätzung dessen, was ›ich‹ daran tue, während ich mich in Wirklichkeit durch ein Gewebe von Möglichkeiten getragen fühle, in dem ich nun zufällig dies oder jenes verknüpfe.«
Luhmann, »Archimedes und wir«, 21

von Niklas Luhmann. »Diese Hemmung löste sich, sobald es um die Sache ging, dann waren Humor, Witz, trockene Ironie möglich, aber sie war gleichwohl immer spürbar.« An anderer Stelle beschreibt Fuchs Luhmann als »einen bescheidenen Mann, der nicht sehr viel hergab fürs Auge« und sich nicht »selbst zelebrierte«: »Er wirkte unterkühlt auf eine verschmitzte Weise, war offenbar jeder rhetorischen Begeisterung abgeneigt.« (»Gibt es eigentlich den Berliner Zoo noch?«, 76) Diese Zurückhaltung im persönlichen Umgang stellte auch der Literaturwissenschaftler und Systemtheoretiker Dietrich Schwanitz fest, der Luhmann als »bescheiden, unaufgeregt und ausgesprochen freundlich, fast wie ein tibetanischer Mönch« beschreibt: »Der Haupteindruck ist der der Weisheit.« (»Hamburger Rundschau«, 22.1.1998)

Es mag sein, dass der Kommunikationsprofi Luhmann diese Selbstbeschränkung strategisch nutzte, um Zuschreibungen zu vermeiden – und um wissenschaftliche Kommunikation zu fördern, frei nach dem Schema: Geringe Ablenkung auf der Mitteilungsebene schafft erhöhte Aufmerksamkeit auf der Informationsebene. So war Luhmann laut Peter Fuchs »ein glänzender Redner, weil er kein glänzender Redner war. Sein Erfolg – er füllte jede Halle – ergab sich weniger aus der Machart des Redens, aus der Rhetorik, sondern aus dem, was er sagte und wie scheinbar harmlos er es sagte, wie er unprätentiös, beinahe in Nebensätzen, die Dinge auf den Kopf stellte.« (»taz«, 14./15.11.1998)

Sinn für Unsinn
»Ich habe das Bedürfnis, in jedem Buch mindestens einen Unsinn hineinzubringen.«
Luhmann, Interview in »Frankfurter Rundschau«, 8.12.1997

Solche Überraschungseffekte sind ein wesentliches Merkmal von Luhmann-Texten, wobei die ironischen Schlenker allerdings weniger spaßiger Selbstzweck sind, sondern eher ein informatives Innehalten bewirken sollen: »Ich will damit sagen, nehmt mich bitte nicht zu ernst, oder versteht mich bitte nicht zu schnell«, erklärte Luhmann in einem Zeitungsinterview (»Frankfurter Rundschau«, 8.12.1997).

Auf die Frage nach seinem Hauptcharakterzug soll Luhmann geantwortet haben: »bockig«. Diese Bockigkeit zeigte sich vor allem in seiner geradezu heldenhaften Resistenz gegenüber zeitgeistigen Theoriemoden, insbesondere in den siebziger Jahren unter der Herrschaft der Frankfurter Schüler. Genauso war Luhmann auch im privaten Umgang immer für eine Überraschung gut. Schwanitz zufolge konnte sich der »tibetanische Mönch« Luhmann von einem Moment zum nächsten verwandeln: »Luhmann neigt zu milden Ironismen, die auch überraschend scharfzüngig kommen können – wie eine Klapperschlange, die plötzlich in Bewegung kommt.« (»Hamburger Rundschau«, 22.1.1998)

Ebenso plötzlich und unerwartet konnte er jedoch zum Schmusebär werden – eine Kollegin, die seiner Theorie Gefühlsdefizite vorgeworfen hatte, schloss er in die Arme und versicherte ihr: »Gefühle spielen doch eine Rolle!« (»Gibt es eigentlich ...«, 40) Oder er zog sich auf eine reine Beobachterposition zurück, wenn eigentlich mit seinem Eingreifen gerechnet wurde: So ließ er einen Störenfried in seinem Seminar einfach gewähren, um herauszufinden, wie das Interaktionssystem Seminar selbst mit diesen Irritationen fertig wird.

30-Stunden-Tag-Traum

»Ich könnte mir vorstellen, dass für mich der Tag 30 Stunden hat, für die anderen dagegen nur 24. Die anderen müssten dann immer schon schlafen, wenn ich noch alles Mögliche tue.«

Luhmann, »Archimedes und wir«, 139

Genauso wenig ließ sich Luhmann auch in wissenschaftliche Wortgefechte verwickeln: »Wer mit Luhmann ernsthaft streiten wollte, sah schnell irgendwie ›alt‹ aus«, berichtet ein ehemaliger Bielefelder Kollege: »Um mit einem Gegner streiten zu können, muss dieser etwas durchsetzen wollen, von der Wahrheit seiner Botschaft überzeugt sein. Dieser Wille hat Luhmann gefehlt: ein Mann ohne Mission.« (»Gibt es eigentlich ...«, 171) Scheinbar betrachtete Luhmann also seine Theorie sozialer Systeme als genauso kontingent wie soziale Systeme selbst.

Wollte man die vielfältigen und widersprüchlichen Aspekte der Person Luhmann auf einen Nenner bringen, wäre dies vielleicht eine grundlegende Neugier auf alle Formen und Phänomene des Sozialen. Und nur dieser unerschöpfliche Wissensdurst machte es wohl auch möglich, dass er seine Theorie so passioniert und exzessiv betrieb. Luhmann war ein veritabler Workaholic, ein besessener Informationssammler und -verwerter, der alles, was er beobachtete, in seinem sagenumwobenen Zettelkasten verstaute, um es später als Buchmaterial wieder hervorzuholen.

In einem Interview sagte Luhmann, das Einzige, was er sich wirklich wünsche, sei mehr Zeit. Wofür er sie genutzt hätte, ist nicht schwer zu erraten – seine Antwort auf die Frage, was er mache, wenn er gerade kein Buch schreibe, lautete:»Na, andere Bücher schreiben. Ich arbeite immer gleichzeitig an mehreren verschiedenen Texten. Mit dieser Methode, immer an verschiedenen Dingen zu arbeiten, habe ich nie Blockierungen.« (Auw, 146)

Vom Beamten der Verwaltung
zum Beobachter der Gesellschaft

Das individuelle Zutun am eigenen Lebenslauf spielte Luhmann gern herunter. Von Biografie sprach er als »Sammlung von Zufällen«, und gefragt nach prägenden Erlebnissen behauptete er, »überhaupt keine sensationellen Schlüsselerlebnisse berichten« zu können. (Auw, 133) Die folgende biografische Skizze soll nicht nur zeigen, dass durchaus einschneidende Ereignisse in Luhmanns Lebenslauf beobachtbar sind, sondern dass er auch selbst gern das biografische Steuer in die Hand nahm. Das Biografisch-Kontinuierliche, das Luhmann eine Art Offenheit für Zufälle nannte, war für ihn stets auch eine Bereitschaft zu »abweichendem« Verhalten.

Zufallsprinzip
»Eine Biografie ist eine Sammlung von Zufällen, das Kontinuierliche besteht in der Sensibilität für Zufälle.«
Luhmann, »Archimedes und wir«, 134

Geboren wurde Niklas Luhmann am 8. Dezember 1927 im niedersächsischen Lüneburg als Sohn eines Brauereibesitzers. Ein einschneidendes Erlebnis in seiner Jugend war die Erfahrung des Krieges – im Alter von 17 Jahren wurde er als Flakhelfer einberufen. Auf die Frage, warum das Denken in Differenzen für ihn so wichtig sei, verwies er auf »die Situation 1945, wie man sie als 17-Jähriger erlebt: Vorher schien alles in Ordnung zu sein, und hinterher schien alles in Ordnung zu sein, aber alles war anders, und alles war dasselbe.« (Auw, 128) Wer damals erwartet hatte, dass nach dem Wegfall des Zwangsapparates alles wie von selbst in Ordnung käme, wurde enttäuscht: »Das Erste, was ich in der amerikanischen Gefangenschaft erlebte, war, dass man mir meine Uhr vom Arm nahm und dass ich geprügelt wurde ... Und dann sah man bald auch, dass der Vergleich von politischen Regimenten nicht auf der Achse ›gut/böse‹ verlaufen konnte, sondern dass man die Figuren in ihrer begrenzten Wirklichkeit beurteilen muss.« (Auw, 129)

Diese Kriegserfahrungen lassen sich also durchaus als eine Art Ursprung des Luhmann'schen Differenzdenkens beobachten: »Sie sehen, ich habe keinerlei Bedürfnis, auf Einheit hinaus zu denken, es sei denn, dass ich genau wüsste, welche Differenz denn gemeint ist, deren Einheit formuliert werden soll.« (Auw, 129) Vielleicht liegt hier auch ein Grund dafür, dass Luhmann die Idee einer Idealgesellschaft ablehnte: »Eine Vorstellung, wie die Gesellschaft gut oder auch nur besser sein könnte, habe ich gar nicht. Ich finde, dass unsere Gesellschaft mehr positive und mehr negative Eigenschaften hat als jede frühere Gesellschaft zuvor. Es ist heute also zugleich besser und schlechter.« (Auw, 139)

Nach dem Kurzaufenthalt in amerikanischer Kriegsgefangenschaft studierte Luhmann von 1946 bis 1949 Jura in Freiburg und trainierte dabei zugleich »eine Reihe von Organisations-Tricks« (Auw, 134), die ihm unter anderem beim Aufbau des Zettelkastens von Nutzen waren. Nach dem Referendariat ging er in die Verwaltung, zunächst als Beamter im Oberlandesgericht Lüneburg, ab 1955 dann als Landtagsreferent im niedersächsischen Kultusministerium, wo er eine Karriere bis zum Oberregierungsrat machte. Warum ausgerechnet Verwaltung? »Weil mir dies – entgegen dem ersten Anschein – mehr Freiheit zu geben schien.« (Auw, 130) Ein ernsthaftes Interesse an einer Dienstlaufbahn als Beamter hatte Luhmann nie, stattdessen widmete er sich nach Dienstschluss der Arbeit am Zettelkasten, der sich nach und nach mit zahllosen Notizen und Literaturverweisen füllte. Kurz nachdem Luhmann 1960 seine Frau Ursula geheiratet hatte, lieferte ein Weiterbildungsstipendium für Verwaltungsbeamte in Harvard einen entscheidenden Zufall im Luhmann'schen Lebenslauf und zugleich für die Evolution seiner Systemtheorie. Anders als erwartet, widmete er sich dabei nicht der Verwaltungswissenschaft, sondern der Theorie von Talcott Parsons. Hier wurde Luhmann systemtheoretisch infiziert.

1964 erschien Luhmanns erste Publikation unter dem Titel »Funktionen und Folgen formaler Organisation«, 1965 wurde er von Helmut Schelsky als Abteilungsleiter an die Sozialforschungsstelle Dortmund berufen. Schon im folgenden Jahr dissertierte und habilitierte der Quereinsteiger Luhmann im Fach Soziologie bei Helmut Schelsky und Dieter Claessens in Münster. Am 25. Januar 1967 hielt er unter dem Titel »Soziologische Aufklärung« seine programmatische Antrittsvorlesung. Für die Soziologe entschied Luhmann sich aus ähnlichen Gründen wie zuvor für die Verwaltung, nämlich »weil man als Soziologe alles machen kann, ohne auf einen bestimmten Themenbereich festgelegt zu sein« (Auw, 141). Für einen angehenden Universal- und Funktionstheoretiker war das von unschätzbarem Wert. Ausgehend von der soziologischen Basisstation konnte Luhmann sämtliche Gesellschaftsbereiche erkunden.

Experimentator

»Ein experimentelles Verhalten ist grundlegend für mein Denken, sowohl im wissenschaftlichen wie übrigens auch im politischen Sinne.«

Luhmann, »Archimedes und wir«, 128

1968, als Luhmann an die neu gegründete Reformuniversität Bielefeld berufen wurde, war das Projekt Systemtheorie gerade angelaufen, stand geraume Zeit jedoch noch im Schatten des Erzrivalen Habermas. Doch Luhmann ließ sich nicht beirren, und bei seiner Aufnahme in die Rheinisch-Westfälische Akademie der Wissenschaften im Jahre 1976 schloss er die Präsentation seines Theorieplans mit folgenden Worten: »Jürgen Habermas kommentiert dazu: zwar interessant, aber falsch. Ich habe aber durchaus die Hoffnung, dass es, wenn es falsch ist, wenigstens richtig falsch ist.« (Jahrbuch der Rheinisch-Westfälischen Akademie der Wissenschaften 1976, Opladen 1977, S.73)

Nach dem Tod seiner Frau im Jahr 1977 lebte Luhmann ziemlich zurückgezogen mit seinen drei Kindern in Oerlinghausen bei Bielefeld. 1993 wurde er emeritiert, 1997 stellte er, pünktlich nach 30 Jahren, mit dem Mammutwerk »Die Gesellschaft der Gesellschaft« die Grundmauern seines Systemtheoriepalasts fertig. Praktisch im Alleingang und unbeirrt vom neomarxistischen

Zeitgeist hatte der Ex-Beamte Luhmann seine soziologische Supertheorie entworfen – das ist wohl das Unwahrscheinlichste an dieser Biografie. Am 6. November 1998 starb Niklas Luhmann im Alter von 70 Jahren.

Mysterium Zettelkasten: Zufallsgenerator und Kommunikationspartner

Er ist sagenumwoben und gilt als unergründliche Quelle aller Luhmann'schen Werke: Niklas Luhmanns legendärer Zettelkasten. Dieser mysteriöse Theoriebaukasten wurde im Laufe der Zeit selbst so berühmt, dass er sogar seinem Schöpfer Konkurrenz machte. Mit dem Aufbau des Zettelkastens begann Niklas Luhmann 1952/53 aus einer Art gesteigertem Langzeit-Pragmatismus: »Weil mir klar wurde, dass ich für mein Leben planen musste und nicht für ein Buch.« (Auw, 149) Da war Luhmann gerade 25 Jahre alt. Von da an galt für ihn immer und überall: Nicht ohne meine Notizzettel. Jeder Gedanke wanderte in den Zettelkasten – und jede Lektüre, denn Luhmann las nach eigenen Angaben »immer mit einem Blick auf die Verzettelungsfähigkeit von Büchern« (Auw, 150). So wuchs der Zettelkasten weiter und weiter. In den achtziger Jahren soll er bereits ein ganzes Zimmer eingenommen haben.

Networking mit Zettelkasten

»Es gibt also keine Linearität, sondern ein spinnenförmiges System, das überall ansetzen kann.«
Luhmann, »Archimedes und wir«, 143

Was aber ist, abgesehen von den abenteuerlichen Ausmaßen, das Mysteriöse an diesem Zettelkasten? Das Geheimnis liegt in seinen hochkomplexen internen Verweisungsstrukturen. Dieses Wissen hütete Luhmann nicht etwa eifersüchtig, sondern erklärte es bereitwillig jedem Interessierten und erläuterte es sogar in einem Aufsatz. Verstanden hat es trotzdem keiner. Um zumindest einen vagen Eindruck davon zu vermitteln, was es mit dem Kastensystem auf sich hat, seien hier in aller Kürze einige Zettelkastenfacts angeführt.

Jeden Zettel, der in den Kasten kam, versah Luhmann zunächst links oben mit einer Basisnummerierung. Eine Ordnung nach Themen oder Stichwörtern war ihm zu unflexibel. Die Basisziffer sicherte jedem Zettel einen festen Platz – und ließ zugleich »eine Art Wachstum nach innen« (»Kommunikation mit Zettelkästen«, 56) zu. Denn zusätzlich erhielt jeder Zettel bis zu zwölfstellige Unternummern. Diese Mehrfachverweise ermöglichten eine interne Verweisstruktur, eine beliebige innere Verzweigung ohne vorherige Programmierung: »Die Gesamtheit der Notizen lässt sich nur als Unordnung beschreiben, immerhin aber als Unordnung mit nichtbeliebiger Struktur.« (»Kommunikation mit Zettelkästen«, 57)

Mit dieser »eigenen« inneren Struktur ermöglichte der Zettelkasten einen kombinatorischen Output, der so nie planbar oder konzipierbar gewesen wäre. Voraussetzung dafür war lediglich, dass sich beide Seiten, also Luhmann und der Zettelkasten, wechselseitig überraschen konnten. Insofern nutzte Luhmann den Zettelkasten wie einen Zufallsgenerator, um sich immer wieder selbst mit Überraschungen zu versorgen. Obwohl die zahlreichen Luhmann-Bücher natürlich nicht durch reines Abschreiben der Zettelkasten-Zettel entstanden, behauptete Luhmann: »Der Zettelkasten kostet mich mehr Zeit als das Bücherschreiben.« (Auw, 143) Tatsächlich spielte der Kasten also eine wesentliche Rolle für das Entstehen der Systemtheorie, selbst wenn man Luhmanns Neigung zu personalem Understatement berücksichtigt.

Es scheint logisch, dass Luhmann den Zettelkasten als eine »Reduktion zum Aufbau von Komplexität« (Auw, 149) betrachtete. Mehr noch: Er nannte ihn einen »kompetenten Kommunikationspartner« und bezeichnete das Durchsuchen der Zettel als »innersystemisches Ereignis«: »Der Eine hört auf den Anderen.« (»Kommunikation mit Zettelkästen«, 53)

Kluger Kasten
»Ich denke ja nicht alles allein, sondern das geschieht weitgehend im Zettelkasten.«
Luhmann, »Archimedes und wir«, 142

Bockig und bescheiden, scharfzüngig und scherzhaft, verwegen und verzettelt: Die Person Niklas Luhmann kennzeichneten so viele Widersprüche und Überraschungseffekte wie seine Biografie. Von der Basis des Beamtentums aus erklomm er die Spitze soziologischer Theoriekonstruktion – mit Passion und freundlicher Unterstützung seines Zettelkastens.

Anschlussfähig: Niklas Luhmann kommuniziert mit seinem
Zettelkasten

Praktisch: Eine Theorie für alle Fälle

Zum Abschluss dieses Rundgangs durchs Luhmann-Labyrinth geht es um die Frage: Wie kann man die Systemtheorie produktiv umsetzen? Als allround-kompatibles Beobachtungsinstrument lässt sie sich immer und überall einsetzen – und führt zu ebenso effektiven wie überraschenden Erkenntnissen.

Praxistest: Wie alltagstauglich ist die Theorie?

Luhmann ist in seinen Texten eher sparsam mit Konkretisierungen und praktischen Beispielen. Wenn er sie präsentiert, dann nicht selten in ironischer Form, etwa, wenn er fußballphilosophisch erklärt: »Die Rundheit des Balles symbolisiert Leichtigkeit und Schwere in einem.« (»Der Fußball«, »FAZ«, 4.7.1990) Das liegt daran, dass Luhmann äußerst skeptisch ist, was die konkrete Umsetzbarkeit von Theorien betrifft: »Ich habe nicht die Vorstellung, dass es wissenschaftliche Erkenntnisse gibt, die auf die Praxis angewendet werden könnten. Die Praxis, zum Beispiel ein Ministerium, ist für mich ein nach eigener Logik funktionierendes System.« (Auw, 135)

Dieser Praxispessimismus liegt schlicht und einfach daran, dass die Systemtheorie im Wissenschaftssystem operiert: Sie beobachtet, wie sich die Gesellschaft selbst beobachtet. Luhmann will daher keine Lösungsvorschläge liefern, sondern tritt als distanzierter Beobachter auf, der andere Beobachter beobachtet, um Unterscheidungen festzustellen und blinde Flecken aufzudecken: »Sie sehen, dass ich keine anwendungsorientierte Theorie im Sinne habe. Vielmehr fasziniert mich die Idee, dass eine Theorie wie eine Praxis komplizierter wird, wenn man ihr die Möglichkeit lässt, ihre eigenen Aussagen nach ihren eigenen Standards zu verbessern.« (Auw, 135)

Das grenzt das Umsetzbarkeitspotenzial der Theorie zwar auf das Beobachten von Beobachtungen ein – doch von dieser Warte aus bleibt der Systemtheorie nichts verborgen. Von entscheidender Bedeutung ist dabei, wie bereits gesehen, der »äquivalenzfunktionalistische« Ansatz: Die Systemtheorie orientiert sich an Problemen, die verschiedene Lösungen vergleichbar machen. Diese »komparatistische Optik«, die von der Gesellschafts- bis zur Interaktionsebene gleich anwendbar und auflösungsfähig ist, eröffnet vielschichtige Vergleichsmöglichkeiten zwischen sozialen Phänomenen, die auf den ersten Blick kaum etwas gemein zu haben scheinen. Kunst und Kirche, Moral und Macht, Bildung und Bedürfnisbefriedigung – das gesamte Spektrum des Sozialen bringt Luhmann mit seiner Theorie unter einen Hut.

Abstrakte Erzählkunst
»Nur sehr abstrakte und komplex gebaute Theorien (können) historisches Material zum Sprechen bringen. Der Weg zum Konkreten erfordert den Umweg über die Abstraktion.«
Luhmann, »Liebe als Passion«, 10

Natürlich eignet sich die Systemtheorie auch für den alltäglichen Hausgebrauch, etwa als elegante Methode, um intellektualistische Sprechblasen zerplatzen zu lassen. Hier soll es jedoch um die wissenschaftliche Wirksamkeit von Luhmanns Theorie gehen. Ihre Effizienz soll anhand von drei Beispielen gezeigt werden, die jeweils einen Aspekt des systemtheoretischen Aufklärungspotenzials beleuchten und sich jeweils auf ein Funktionssystem beziehen: auf die Intimbeziehungen als historisch-soziologische Aufklärung, auf die Kunst als Interpretationsmethode und auf die Massenmedien als Beobachtung aktueller Alltagsgeschehnisse.

Liebe: Von Passion zu Problemen

Das Paradebeispiel für eine historisch-soziologische Analyse mit systemtheoretischen Mitteln ist Luhmanns 1982 erschienenes Buch »Liebe als Passion«, das längst den Rang eines Klassikers einnimmt. Man könnte »Liebe als Passion« auch als Teil des Luhmann'schen Großprojekts »Gesellschaftsstruktur und Semantik« betrachten: In beiden Fällen untersucht Luhmann die Entstehung und den Wandel von Semantiken, also die Evolution jener Ideen, die Unwahrscheinliches wahrscheinlich machen. Indem Luhmann diese semantischen Sinnprozesse nachzeichnet, beschreibt er zugleich die Wandlungen der Funktionssysteme von der traditionellen zur modernen Gesellschaft, in diesem Fall die Evolution eines Systems für Intimbeziehungen.

Das weist gewisse Parallelen zu Norbert Elias' berühmten Forschungen »Über den Prozess der Zivilisation« auf. Die Unterschiede sind jedoch wesentlich gravierender. Während Elias ohne theoretischen Überbau gewissermaßen im Dunkeln stocherte, finden Luhmanns Beobachtungsexkursionen in die Geschichte stets im Scheinwerferlicht der Theorie statt, als eine Art historisch-»lebensweltliche« Unterfütterung theoretischer Rahmenannahmen. Dabei zeigt sich erneut die paradoxale Anlage der Systemtheorie. Sie deckt die unglaubliche Komplexität historischer Semantiken auf – und reduziert sie zugleich. Eben darin besteht die äquivalenzfunktionalistische Methode: Luhmann interpretiert die beschriebenen semantischen Strukturen als Lösungen für Probleme, die dadurch erst darstellbar werden.

Liebe als Code
»Ein besonderer ›Code‹ für Liebe bildet sich, wenn alle Informationen dupliziert werden im Hinblick auf das, was sie in der allgemeinen, anonym konstituierten Welt, und das, was sie für dich, für uns, für unsere Welt bedeuten.«
Luhmann, »Liebe als Passion«, 25

In »Liebe als Passion« wird dementsprechend die Ausdifferenzierung einer Spezialsemantik für Liebe untersucht. Es geht um die Entwicklung des Liebescodes, um die Funktion von Intimkommunikation und um ihre lebensweltlichen Auswirkungen vom Mittelalter bis in die Gegenwart. Als Quellenmaterial dient Luhmann eine Unmenge von Romanen, Traktaten und Maximenschriften, insbesondere aus dem 17. und 18. Jahrhundert.

In Sachen Intimbeziehungen geht Luhmann aus von einem »Problem selbstreferenzieller Genese, einem Problem der Entwicklung von Formen, die sich in den Bedingungen ihrer Möglichkeiten selbst voraussetzen« (LaP, 47). Er beobachtet, wie das unwahrscheinliche »Wagnis Liebe« (ebd.) durch kulturelle Überlieferungen und literarische Vorlagen, also durch eine tradierte Semantik, möglich und wahrscheinlich gemacht wird.

Unter Luhmann'scher Optik ist Liebe also kein Gefühl, sondern ein Kommunikationscode, nach dessen Regeln man Gefühle ausdrücken kann. Genauer gesagt: Es ist das symbolisch generalisierte Kommunikationsmedium, das im System der Intimbeziehungen Unwahrscheinliches wahrscheinlich macht. Denn es ist ja zunächst alles andere als wahrscheinlich, den eigenen Eigensinn komplett am Eigensinn einer anderen Person zu orientieren und das dann »Liebe« zu nennen. Trotzdem funktioniert es überall und immer wieder: Wer liebt, stellt sein Handeln ganz und gar auf das Erleben der geliebten Person ab. Alles, was für sie von Bedeutung ist, ist auch für den Liebenden von Bedeutung, es gibt nichts, was nicht von höchstem Interesse wäre.

Wie wird dieses unwahrscheinliche Phänomen wahrscheinlich? Die Lösung liegt in einer speziellen Zuschreibungstechnik der Liebeskommunikation. In der Liebe macht die Kommunikation ihre »normale« Selbstbeschreibung als Handlung rückgängig, sodass keine personale Zuschreibung mehr möglich ist. Was bleibt, ist Erleben. Der wundersame Effekt ist, dass beide Liebenden ihre grundsätzliche Freiheit jeweils als Zwang darstellen können und ihre Handlungen als jeweils vom Anderen verursacht. Nur so kann Handeln als Erleben erscheinen, nur so kann jegliche Aktivität als »Passion«, als erlebtes »Leiden«, ausgeflaggt werden. Und nur so kann die liebesspezifische Komplettberücksichtigung eines anderen Individuums sichergestellt werden.

Bund fürs Lieben
»Das Besondere (und wenn man will: das Tragische) der Liebe liegt in dieser Asymmetrie, in der Notwendigkeit, auf Erleben mit Handeln zu antworten und auf Schongebundensein mit Sichbinden.«
Luhmann, »Liebe als Passion«, 26

Der Code dieses Systems für Intimbeziehungen lautet dementsprechend »persönlich/unpersönlich«: Entweder hat etwas einen Bezug auf die Zweierwelt – oder nicht. Wenn nicht, dann ist es liebesmäßig irrelevant, wenn doch, dann kommt ein Spezialcode für Liebe ins Spiel – und alles wird relevant. Eben deshalb können Liebende unendlich lange miteinander reden: Alles Erlebte ist mitteilenswert und kann sicher sein, auf höchstes Interesse zu treffen.

Der »symbiotische Mechanismus« von Intimbeziehungen ist die Sexualität. Luhmännisch gesprochen ist Sexualität eine Art wechselseitiges Körpererleben, das auf gegenseitigem Begehren und Begehrensbegehren basiert. Auch hier ist die Wahrnehmungsstruktur also zirkulär: »Im körperlichen Zusammenspiel erfährt man, dass man über das eigene Begehren und dessen Erfüllung auch das Begehren des Anderen begehrt und damit auch erfährt, dass der Andere sich begehrt wünscht.« (LaP, 33)

Im Mittelalter sah man das noch etwas anders, besser gesagt: Man sah es gar nicht so gern, denn bestimmend war die Idealisierung des Liebesobjekts. »Ich han den muot und die sinne gewendet an die vil reinen, die lieben die guoten«, dichtete Walther von der Vogelweide. Und nicht umsonst unterschied man zwischen der hohen Minne, mit der die unerreichbare Geliebte gepriesen wurde, und der niederen Minne, der Befriedigung des Liebestriebes. Sinnliche Bedürfnisse galten als vulgär und mussten vermieden oder zumindest sublimiert werden: »Und ein kleinez vogellin, tandaradei, daz mac wol getriuwe sin« – mehr war nicht drin. Diese Form des Codes änderte sich erst in der zweiten Hälfte des 17. Jahrhunderts: Die Salonkommunikation und vor allem der Buchdruck hoben die Eindeutigkeit der Orientierung an Regeln auf. Statt auf Vernunft wurde nun auf Imagination gesetzt, und statt auf Idealisierung auf Paradoxierung, auf die Lust am Leiden: auf Liebe als Passion.

Die Paradoxien der Passion reichen von der erobernden Selbstunterwerfung über das süße Martyrium bis zur sehenden Blindheit. Allesamt veranschaulichen sie die neue Programmierung des Liebescodes: Maßlosigkeit und Exzess. Dieses Gebot zur Grenzüberschreitung ebnete den Weg für die Ausdifferenzierung eines eigenen Hoheitsbereichs innerhalb des Gesellschaftsterritoriums. Die Totalisierung der Liebe gegen alle Regeln der Vernunft lässt einen geschlossenen Zirkel entstehen, in dem für den Liebenden alles, was mit der geliebten Person zusammenhängt, bedeutsam wird. Ein wichtiger Teil der Intimität war seit dem 17. Jahrhundert auch die Sexualität. Zwar war die Liebe noch längst nicht autonom – so war sie zum Beispiel noch immer an die gesellschaftlichen Verhaltenstechniken des Adels gebunden. Doch die »unvernünftige« Paradoxierung lieferte sozusagen das Grundgerüst für die Errichtung eines Sondersystems für Liebe.

Dieser Code änderte sich im Verlauf des 18. Jahrhunderts kaum, jedoch kam es im Zuge der Empfindsamkeits-Bewegung zu einer deutlichen Aufwertung »echter« Gefühle, die ebenfalls die Zügel des Verstandes und der Moral lockerten und die Ausdifferenzierung vorantrieben. So ließen sich über den Begriff der »Natur« Sexualität und leidenschaftliche Liebe auf einen Nenner bringen, und die »freie Liebe« wurde transferiert in eine autonome Zone innerhalb der Gesellschaft.

Als Katalysator wirkte dabei auch das Ende einer allgemein verstandenen Rhetorik. Der Wegfall allseits verbindlicher Verhaltensregeln zeigte die Schwierigkeit einer unverstellten Kommunikation. Eine Aussage wie »Ich liebe dich aufrichtig« stellt sich gerade durch die Betonung von Aufrichtigkeit unter Unaufrichtigkeitsverdacht. Diese Entdeckung der »Inkommunikabilität« von Authentizität war eine Grenzerfahrung für die Liebeskommunikation – die ein neues Merkmal der Liebeskommunikation hervorbrachte: das Tugendbewusstsein der Frau, das auf der Unterscheidung »bewusste/unbewusste Neigungen und Ziele« basierte. Idealtypisch führten das die Liebesromane von Samuel Richardson vor. Werke wie »Pamela oder die belohnte Tugend« (1740), wo es einem armen Dienstmädchen durch seine Tugendhaftigkeit schließlich doch gelingt, den Mann zu gewinnen, der sie zunächst nur verführen wollte, machten Nichtkommunizierbares kommunizierbar. Insofern war die Liebesliteratur Richardsons geradezu lebensnotwendig für das Begreifen des Intimcodes.

Charakteristisch war auch, dass Intimität nun als Eheglück dargestellt wurde. Der Liebesroman fungierte wie eine Art PR-Agentur für die Einheit von Liebe, Ehe und Sexualität. Erst im Laufe des 18. Jahrhunderts und erneut begleitet von literarischen Umsetzungen setzte sich in Europa die – im Weltmaßstab ungewöhnliche – Vorstellung durch, dass nur die Liebe über die Ehe entscheiden sollte. Das ebnete den Weg für die Ausdifferenzierung eines Funktionsbereichs intim gebundener, durch Eheschließung begründeter Kleinfamilien.

Um 1800 übernahm dann im Zuge einer generellen Verabschiedung alteuropäischer Denkweisen und einer immer stärker werdenden Individualisierung die romantische Liebe die Macht. Die Form des Codes änderte sich von Paradoxierung zu Selbstreferenz. Begründet wurde die Liebe von nun an allein mit der Tatsache, dass man liebt. Unter der neuen Differenz »persönlich/unpersönlich« wurde die Liebe reflexiv. Die zunehmende Individualisierung persönlicher Ansichten und Handlungsmotive machte das Besondere universal bedeutsam, und das konnte nur in Form einer Zweierbeziehung geschehen: »Genau diese Ausdifferenzierung macht Liebe zum Universalmedium, zum Medium einer Weltkonstruktion mit den einmaligen Augen des Anderen.« (GdG, 347)

Im Zeichen des einzigartigen Individuums war die Partnerwahl nun nicht mehr an bestimmte Eigenschaften gekoppelt, sondern wurde in die Symbole des Kommunikationsmediums selbst verlagert. Allerdings blieb diese Erfahrung hauptsächlich dem Mann vorbehalten: Der Mann liebte das Lieben, die Frau liebte den Mann. Zugleich wurde die romantische Liebe zur Voraussetzung der Ehe.

Zwar wurde es, je individueller das Persönliche gedacht wurde, umso unwahrscheinlicher, einen Partner mit den erwarteten Eigenschaften zu treffen. Hatte man ihn aber einmal gefunden, versprach nun die Ehe unendlich steigerbare Individualität mit Langzeitwirkung: das dauerhafte »Identischbleiben beim Aufgehen im Anderen« (LaP, 178). Das ging einher mit einer Gefühlsaufwertung in der Ehe, Emotionen waren nun eine Zugangsbedingung für sexuelle Erfolge. Diesen Zusammenhang von Sexualität und Liebe stellte erst die Romantik her, und erst seit dem 19. Jahrhundert erscheint die Liebe dann als eine Art ideale Kanalisierung des Geschlechtstriebs.

Und heute? Im Zeitalter der autonomen Funktionssysteme hat sich die Selbstreferenzialität von Intimbeziehungen weiter gesteigert. Heute ist die Liebe ein komplett selbstreferenzieller Kommunikationszusammenhang, ein sich selbst legitimierendes System. Zuschreibungen wie zum Beispiel die Schönheit der geliebten Person sind nun keine Voraussetzung für Liebe mehr, sie sind auch keine notwendige Einbildung oder ein Grund für Liebe, sondern erscheinen selbst allenfalls noch als Folge der Liebe.

Diese Autonomisierung stellt erhöhte Anforderungen an die Liebenden: Die Stabilität einer Liebesbeziehung kann sich jetzt nur noch aus rein persönlichen Ressourcen speisen – aber im gleichzeitigen Sich-Einlassen auf den Anderen. Liebe dient nun vor allem als Bestätigung der Selbstdarstellung. Gerade die individualisiertesten Individuen brauchen ja »jemanden, der an die Einheit von Sein und Schein glaubt oder zumindest dies zum Gegenstand seiner eigenen Selbstdarstellung macht, an die nun wieder der Andere glauben muss« (LaP, 209).

Als jeweils einseitig inszenierte Zweiseitigkeit ist das nicht nur extrem unwahrscheinlich, sondern auch hochriskant: Die Radikalisierung der Differenz persönlich/unpersönlich belastet Liebesbeziehungen mit überzogenen Erwartungen und lässt sie oft scheitern – was aber die Suche nach Erwartungserfüllung nur verstärkt. Gerade in der Familie kann dieser Zwang zur Selbstverwirklichung problematisch werden – doch gerade die Familie wird nun der entscheidende Bezugspunkt von Beziehungen: »Das Sich-für-gemeinsame-Kinder-Entscheiden, das scheint mir die wichtigste Frage zu sein.« (Auw, 73)

Familien-verwirklichung
»Auch in den intimen Beziehungen (sind) die Ansprüche auf Selbstverwirklichung gewachsen. Wenn es aber in einer Familie zwei oder mehr Selbstverwirklichungen gibt, wird es schwierig«
Luhmann, »taz«-Interview, 18./19.1.1997

Eine wichtigere Rolle denn je spielt auch die Sexualität: Heute zählt vor allem der Zugang zu sexuellen Beziehungen, die Frage ist nur, ob mit oder ohne emotionale Bindung. Der symbiotische Mechanismus ist also geradezu »die Sache selbst« (LaP, 201), und nicht von ungefähr beobachtet Luhmann in der Liebe eine »klinisch-therapeutische Bemühung um orgasmische Vollbefriedigung« und eine sexuelle »Semantik des Sportes« (LaP, 204). Das Tragische an der Liebe liegt nun nicht mehr darin, dass die Liebenden nicht zusammenkommen können, sondern eher, dass sie »zusammen kommen« müssen, dass erst Sexualität Liebe erzeugt und dass man weder ohne Liebe leben noch von ihr loskommen kann.

Das lockert einerseits die Bindung an die Ehe, andererseits wird der Zeithorizont immer wichtiger: Je älter man wird, desto stärker wird der soziale Druck, einen adäquaten Langzeitpartner zu finden oder zumindest zu akzeptieren, um mit ihm eine Familie aufbauen zu können. Gegen die Instabilität intimer Beziehungen bietet aber auch die autonomisierte Ehe keinen Schutz, eher im Gegenteil: Hier kann die wechselseitige Dauerbeobachtung die Passion geradezu ins Krankhafte steigern.

Man sieht, dass Beziehungen, die auf unbegrenzte Haltbarkeit angelegt sind, höchste Ansprüche an das symbolisch generalisierte Kommunikationsmedium Liebe stellen. Das Unwahrscheinliche muss über Lernprozesse und Enttäuschungsverarbeitungen aufrechterhalten werden. Und genau das ist die heutige Funktion der Liebe: Problemorientierung im Alltag. Das mag selbstzerstörerisch scheinen. Aber die Problemorientierung hat zugleich den Vorteil, dass sie es »den Liebenden aufgibt, am Umgang mit dem Problem sich ihre Liebe zu zeigen – quälend aussichtslos und trotzdem liebend« (LaP, 213).

Luhmanns Liebesanalyse zeigt, wie sich der Code für Intimbeziehungen immer weiter ausdifferenziert hat und wie es dem Kommunikationsmedium Liebe im Wandel der Zeiten gelang, höchst unwahrscheinliche Verhaltensweisen wahrscheinlich zu machen. Genau das ist Aufklärung à la Luhmann: Die Systemtheorie macht die Komplexität des Unwahrscheinlichen sichtbar – und reduziert sie zugleich, indem sie das Wahrscheinlichwerden des Unwahrscheinlichen zeigt.

Pathologie der Beobachtungen

»Die Unwahrscheinlichkeit der Liebe – dass *jede* Geste, körperlich wie verbal, zur Beobachtung, ja sogar zur Beobachtung der Beobachtung von Liebe zu dienen hat – wird in der Ehe zur Pathologie.«

Luhmann, »Die Gesellschaft der Gesellschaft«, 346

Kunst: Andere Welten

Auch in Bezug auf die Beobachtung von Kunst lässt sich die Systemtheorie als effektive »Vergleichsmaschine« einsetzen, die Kunstkommunikation mit anderen Kommunikationstypen vergleichbar macht. Ebenso wie Politik, Wissenschaft oder Wirtschaft bildet Kunst ein selbstreferenziell-geschlossenes Subsystem der Gesellschaft. Die einzelnen Elemente des Systems sind die Kunstwerke, die Luhmann auch »Kompaktkommunikationen« nennt: Kunstwerke lassen sich verstehen als Mitteilung von Information.

Der Mitteilungsaspekt ergibt sich aus der »Künstlichkeit« eines Kunstwerks: Die Unterscheidungsstrukturen seiner Formen machen deutlich, dass es nicht »von selbst« entstanden sein kann, sondern Kommunikation provozieren soll. Das gilt auch – und gerade –, wenn es sich um »objets trouvés« wie das legendäre Pissoir von Marcel Duchamps oder Beuys'sche Fettecken handelt. Kunst ist, wie Sprache, eine Art Vermittlung zwischen Beobachtungen: Der Künstler beobachtet beim Herstellen des Kunstwerks, was ein anderer Beobachter beobachten wird, wenn er das Kunstwerk sieht. Eben deshalb lässt sich auch ein Großteil neuerer Kunst nur verstehen, wenn man die Beobachtungsweise erkennt, mit der ein Künstler das Kunstwerk produziert hat. Der Witz ist das Verstandenwerden-Wollen: Kunstwerke erzeugen Irritationen und regen zur Sinnsuche an. Die Differenz von Information und Mitteilung soll verstanden werden.

Unwahrscheinlich unwahrscheinlich

»Ein Kunstwerk zeichnet sich durch die *geringe Wahrscheinlichkeit seiner Entstehung* aus. Es ist sozusagen ein demonstrativ unwahrscheinlicher Sachverhalt.«
Luhmann, »Die Kunst der Gesellschaft«, 247

Eine entscheidende Besonderheit der Kunst besteht darin, dass sie Zugang zu einer Sphäre eröffnen kann, die ansonsten unzugänglich ist: die Sphäre der Wahrnehmung. Kunst kann also etwas, das prinzipiell nicht kommunizierbar ist, in die Kommunikation einfließen lassen. Während sprachliche Kommunikation stets auf eine Ja/Nein-Differenz zustrebt, lockert Kunstkommunikation die strukturelle Kopplung von Bewusstsein und Kommunikation. Kunstwerke haben den Anspruch, Erleben zu fesseln und nach ihren Vorgaben zu leiten.

Um diesen Erlebnis-Effekt zu erreichen, muss die Kunstkommunikation ihre Kontingenz, ihr Hergestelltsein verdecken. Dafür bedient sie sich, ähnlich wie der Liebescode, eines Paradoxierungs-Tricks: Sie macht ihre Selbstbeschreibung als Handlung rückgängig und tarnt sich als Erleben. Nur so kann die Kunst sicherstellen, dass künstlerisches Handeln erlebend wahrgenommen wird. Kunst macht etwas sichtbar, indem sie ihre eigenen Unterscheidungen, ihre Form, unsichtbar macht.

Im Detail läuft diese Tarnung darauf hinaus, dass der Mitteilungsaspekt der Kommunikation versteckt werden muss: Der Künstler muss sich »unsichtbar« machen. Im personalen Roman geschieht das zum Beispiel durch die »Invisibilisierung« der Erzählsituation in der erlebten Rede: Diese 2-in-1-Technik lässt die Perspektiven von Figur und Erzähler verschmelzen und erschwert es damit, den kommunikativen Akt des Erzählens einer der beiden Erzählinstanzen, der Figur oder dem Erzähler, zuzuschreiben. In diesem Sinne ist jedes Kunstwerk eine Handlung, deren Kommunikation Erleben bindet.

Die Funktion der Kunst ist es dementsprechend, eine »befreiende« Distanz zur Realität zu schaffen, eine Parallelrealität, die sich selbst legitimiert. Kunst lässt eine Welt in der Welt erscheinen: Jedes Kunstwerk verweist über seine interne Unterscheidungsstruktur auf die Kontingenz der »normalen« Realitätssicht und stellt die Welt im Sinne des »so nicht Nötigen« dar. Die »fiktive Realität« eines Kunstwerks spaltet die Weltrealität in die Unterscheidung »real/fiktional«. So evolviert das Kunstsystem als soziales System des Herstellens und Erlebens von Kunstwerken.

Entscheidend für systemtheoretische Kunstanalysen ist dabei die Beobachtung eines Kunstwerks in seinem historischen Kontext, also die Frage: Welche Funktion erfüllt eine Kunstkommunikation hinsichtlich der Ausdifferenzierung der Gesellschaft und ihrer Funktionssysteme? Der jeweilige Stand der Ausdifferenzierung lässt sich daran ablesen, wie frei das Kunstsystem selbst entscheiden kann, wie autonom es gegenüber gesellschaftlichen Vorgaben ist, etwa hinsichtlich des Verhältnisses von Ästhetik und Moral.

Als autonomes Funktionssystem operiert die Kunst mit einem eigenen Code. Luhmann spricht von dem Code »schön/unschön«,

Zwecklos?
»Das Kunstwerk imitiert nichts, leistet nichts, beweist nichts. Es führt vor, dass und wie die Beliebigkeit des Anfangens sich selber einfängt und aufhebt, sich selber notwendig macht.«
Luhmann, »Die Gesellschaft der Gesellschaft«, 354

man könnte aber auch argumentieren, der Code laute »stimmig/unstimmig«. Wie immer man den Kunstcode definiert – entscheidend ist, dass die Kunst ausschließlich nach systemeigenen Regeln beeinflussbar ist. Die Selbstorganisation und Programmierung des Codes wird auf der Ebene des »Stils« geregelt, hier findet Strukturbildung statt. Das Auswechseln und Ausprobieren von Formen und Formenkombinationen ist ein evolutionärer Prozess der Selektion, Variation und Restabilisierung, der eine Vielzahl von Stilen entstehen lässt.

Heute ist das Kunstsystem komplett autonom gegenüber seiner gesellschaftlichen Umwelt. So wie sich Liebe aus Liebe speist, beruft sich die Kunst nur noch auf die Kunst: »Die Autonomie der Kunst besteht dann darin, dass sie sich nur noch selbst limitiert. Das letzte Kriterium bleibt: ob es dem Beobachten gelingt, zum Beobachten zu verführen.« (»Beobachtungen der Moderne«, 121) Das führt sowohl zu einer verstärkten Perspektivenvielfalt als auch zu einer bis ins Exzessive steigerbaren Selbstreflexivität: »Man nähert sich damit einer Grenze, an der Kunstkommunikation nicht mehr nur Information, sondern nur noch Mitteilung sein will; oder genauer: nur noch darüber informieren will, dass sie nur noch Mitteilung sein will.« (»Die Kunst der Gesellschaft«, 482)

Hier zeigt sich bereits einer von zahlreichen Ansatzpunkten systemtheoretischer Kunstbeobachtung. So ließe sich fragen: Gelingt es selbstreflexiven Kunstwerken – etwa metafiktionalen Romanen, die ihr Hergestelltsein explizit thematisieren –, dennoch ein erlebendes Beobachten zu erzwingen – und wenn ja, mit welchen erzählerischen Tricks? Selbstreflexive Kunst kann außerdem als eine Art Selbstbeschreibung des Kunstsystems beobachtet werden, die Rückschlüsse auf den jeweiligen Stand der Ausdifferenzierung des Systems ermöglicht – so wie jedes Kunstwerk jeweils auch auf andere Funktionssysteme verweist: So verrät ein Liebesroman aus dem 18. Jahrhundert nicht nur etwas über den Ausdifferenzie-

Wahre Kunst
»Mehr und vor allem deutlicher als in anderen Funktionssystemen kann in der Kunst vorgeführt werden, dass die moderne Gesellschaft und … die Welt nur noch polykontextural beschrieben werden kann. Die Kunst lässt insofern die ›Wahrheit‹ der Gesellschaft in der Gesellschaft erscheinen.«
Luhmann, »Die Kunst der Gesellschaft«, 494

rungsstand der Liebe, sondern auch über die Entwicklungen in Recht, Wirtschaft, Politik, Bildung etc.

Einen weiteren Ansatzpunkt könnte das Stichwort »Intertextualität« liefern: Die Bezüge, die Kunstwerke untereinander aufnehmen, lassen sich als systemspezifische Anschlusskommunikationen untersuchen.

Eine systemtheoretische Sicht auf Kunst bietet also eine Vielzahl von Ansatzmöglichkeiten für Analysen und Interpretationen – von der Mikroebene kunstwerkimmanenter Beobachtungsverhältnisse bis zu den Makrostrukturen kunstsystemischer Evolution. Immer aber besteht die Kunst darin, die Beobachtungen der Kunstkommunikation zu beobachten.

Massenmedien: Realität als Funktion

Es mag eine weitere Paradoxie des Systems Systemtheorie sein, dass ihr Mastermind Niklas Luhmann weder Fernseher noch Fax, noch Handy besaß, aber ein Buch über »Die Realität der Massenmedien« schrieb. Die Doppeldeutigkeit des Buchtitels ist bewusst gewählt: Es geht sowohl um die »reale Realität« des massenmedialen Sendens, Druckens und Funkens als auch um jene Realität, die die Massenmedien damit erzeugen.

Medienwissen
»Was wir über unsere Gesellschaft, ja über die Welt, in der wir leben, wissen, wissen wir durch die Massenmedien.«
Luhmann, »Die Realität der Massenmedien«, 9

Luhmann zufolge richtet sich die moderne Gesellschaft nach den Eigengesetzlichkeiten der Massenmedien: »Jeden Morgen und jeden Abend senkt sich unausweichlich ein Netz der Nachrichten auf die Erde nieder und legt fest, was gewesen ist und was man zu gewärtigen hat. Einige Ereignisse ereignen sich von selbst, und die Gesellschaft ist turbulent genug, dass immer etwas geschieht. Andere werden für die Massenmedien produziert.« (GdG, 1097)

Wie in keinem anderen Funktionssystem spielt in den Massenmedien die Zeit eine besondere Rolle. Der massenmediale Code ist durch die Differenz »Information/Nichtinformation« definiert. Ununterbrochen werden Informationen in die Welt gefeuert, die sich nicht wiederholen lassen: Einmal Ereignis geworden,

84

mutiert eine Information zur Nichtinformation. So entsteht ein Neuheitszwang, der zur Selbstbeschleunigung tendiert und die Gesellschaft »wach hält«. Man muss stets mit Überraschungen, Irritationen, Störungen rechnen.

Hier liegt auch ein wesentlicher Unterschied zur Kunstkommunikation: Während Kunstwerke ein gewisses Maß an Mehrdeutigkeit brauchen, um eine Mehrzahl möglicher Lesarten zu garantieren, setzen die Massenmedien auf informative Allgemeinverständlichkeit – allein schon, um die strukturelle Kopplung mit anderen Gesellschaftsbereichen, die über die »Weiterverwertung« von Themen läuft, aufrechtzuerhalten.

Die Programmierung des Codes »Information/Nichtinformation« übernehmen Programmbereiche, die nach thematischen Präferenzen gegliedert sind. Luhmann unterscheidet drei zentrale Programmbereiche der Massenmedien: »Nachrichten und Berichte«, »Werbung« und »Unterhaltung«. Jeder Bereich benutzt den Code »Information/Nichtinformation« nach eigenen Kriterien.

Alarm!
»Auf der Ebene dessen, was kommuniziert wird, und dessen, was kommunikativ anschlussfähig ist, erscheint die Gesellschaft als eine sich über sich selbst aufregende, sich selbst alarmierende Gesellschaft.«
Luhmann, »Die Gesellschaft der Gesellschaft«, 1100

Im Bereich »Nachrichten und Berichte« lautet das oberste Gebot: Aktualität! Eine Information hat immer als Überraschung aufzutreten, selbst wenn sie es eigentlich gar nicht ist. Später muss mit allen journalistischen Finessen der Eindruck erweckt werden, als sei das soeben Vergangene noch immer gegenwärtig, interessant und informativ. Laut Luhmann verbreiten die Massenmedien »Ignoranz in der Form von Tatsachen, die ständig erneuert werden müssen, damit man es nicht merkt« (»Die Realität der Massenmedien«, 53).

Aufgrund des tagtäglichen Erscheinens und des hohen Produktionstempos sind massenmediale Organisationen auf Vermutungen und »Self-fulfilling prophecies« angewiesen. Redaktionen arbeiten weitgehend »selbstschöpferisch«: Sie beziehen sich auf ihre eigenen Erzeugnisse, beobachten ihre eigenen Sendungen, um daraus Neues zu generieren. In der journalistischen Praxis bedeutet dieser Neuheitszwang auch eine Konzentration auf Einzelfälle, auf Ereignisse. Diese lassen sich auch in Serienproduktion anfertigen, etwa in regelmäßig aktualisierten Börsenkursen oder Sportnews. Organisationssysteme wie Zeitungsredaktionen verfügen zudem über eine Art Schablonendenken, nach dem sie Berichtenswertes auswählen. Solche »Schemata«, die offen für Ergänzungen und Ausfüllungen sind, ermöglichen bei der Autopoiesis des Systems Rückgriffe auf Bekanntes.

Als Aufmerksamkeitsmagnet wirken auch Quantitäten: Zahlen, Daten und Statistiken haben den Vorteil, dass sie immer Information sind, egal, ob man nun versteht, was der »Nemax 50« ist oder nicht. So versorgen Quantitäten Insider mit Informationsgewinnen und bieten Unbeleckten immerhin »substanzlose Aha-Effekte« (»Die Realität der Massenmedien«, 59f.). Ähnlich wirken lokale Bezüge: Hier kann sich jeder wieder finden, weshalb auch weniger brisante News bedeutsam werden – entsprechend müssen dann weiter entfernte Ereignisse durch Bizarres unterfüttert werden, um massenmedial verwertbar zu sein.

Besonderer Beliebtheit erfreut sich im Bereich Nachrichten und Berichte auch die Personalisierung: Sie ermöglicht die Verbreitung von Meinungsäußerungen im Nachrichtengewand, obwohl es sich dabei um Ereignisse handelt, die ohne die Existenz der Massenmedien gar nicht stattfinden würden. Durch Kritik und Kommentare wird das, was sowieso passiert, spannender gemacht und mit zusätzlicher Bedeutung versehen. Noch attraktiver sind Konflikte: Sie verlagern die Information über Gewinner und Verlierer in die Zukunft und erzeugen eine Spannung mit besonders hoher Haltbarkeit. Als »Skandale« stilisiert, können Konflikte dann Betroffenheitsgefühle bündeln und, über das Zurschaustellen von Bösewichten, Opfern und Helden, für die Erhaltung und Reproduktion von Moral sorgen.

Bindungsfähig
»Das Fernsehen produziert eine produzierte Form, die alle Überzeugungsmittel des Alltags an sich bindet.«
Luhmann, »Die Gesellschaft der Gesellschaft«, 307

Der zweite Bereich der Massenmedien, die Unterhaltung, ist zum einen schlicht eine »Komponente der Freizeitkultur, die mit der Funktion betraut ist, überflüssige Zeit zu vernichten« (»Die

Realität der Massenmedien«, 96). Unterhaltung erfüllt aber auch eine Funktion, die mit dem Kunstsystem verwandt ist: die Präsentation von »Sonderrealitäten«. Unterhaltung erschafft eine Art »zweite Realität«, von der aus die »normale« Realität als »reale« Realität beobachtet werden kann.

Wie die Kunst operiert die Unterhaltung mit selbst produzierten Überraschungen und Spannungen, um sich plausibel zu machen. Für den Unterbereich der »erzählenden Unterhaltung« dient der moderne Roman sogar als direktes Vorbild: In beiden Fällen werden Ungewissheiten und Spannungseffekte selbst aufgebaut und aufgelöst, in beiden Bereichen geht es um die erlebte Wahrnehmung von Kommunikation. Weil sich Unterhaltung zudem auf vorhandenes Wissen beziehen muss – um sich davon abzuheben –, erfüllt sie zugleich eine Mythen-äquivalente Funktion: Sie vergegenwärtigt Vergessenes.

> **Gute Unterhaltung**
>
> »Unterhaltung zielt, gerade indem sie von außen angeboten wird, auf Aktivierung von selbst Erlebtem, Erhofftem, Befürchtetem, Vergessenem – wie einst die erzählten Mythen.«
>
> Luhmann, »Die Realität der Massenmedien«, 109

Von der »erzählenden Unterhaltung« unterscheidet Luhmann die »höchstpersönlichen Erfahrungsberichte«. Diese Spezies tummelt sich vor allem im Fernsehen, idealtypisch zu beobachten ist sie etwa in den tagtäglichen Mittagstalkshows oder Gefühlsgalas à la »Nur die Liebe zählt«. Hier kann der Zuschauer das Abhandenkommen jeglicher Scham beobachten und genießen – was mitunter selbst eine Art »positives«, da unbeteiligtes, Peinlichkeitsgefühl auslösen kann. Es wird eine glaubwürdige Realität vorgeführt, der man aber nicht zustimmen muss. Der Zuschauer lernt, Beobachter bei der Selbstbeobachtung zu beobachten und sich fortlaufend selbst damit zu vergleichen. Die Beobachtung fremder Selbstentblößungen lädt psychische Systeme sozusagen ein, auf sich selbst zurückzuschließen. Der Effekt ist eine Selbstidentifizierung als Individuum im Beobachten des eigenen Beobachtens: »Unterhaltung ermöglicht eine Selbstverortung in der dargestellten Welt.« (»Die Realität der Massenmedien«, 115)

Der dritte Programmbereich der Massenmedien ist zugleich ihr eigenartigster: die Werbung. Hier wird offene Manipulation betrieben. Das Mitteilungsmotiv wird nicht, wie in der Unterhaltung, verdeckt, stattdessen wird versucht, die Motive des Umworbenen zu verschleiern. So erkennt man zwar, dass es sich um Werbung handelt, jedoch nicht, wie man dabei beeinflusst wird. Die offenkundige Mitteilung suggeriert eine Entscheidungsfreiheit, die zugleich einschließt, dass man von selbst etwas will, was man eigentlich gar nicht wollte.

Dumm wirbt gut
»Wie können gut situierte Mitglieder der Gesellschaft so dumm sein, viel Geld für Werbung auszugeben, um sich ihren Glauben an die Dummheit Anderer zu bestätigen? Es fällt schwer, hier nicht das Lob der Torheit zu singen, aber offenbar funktioniert es, und sei es in der Form der Selbstorganisation von Torheit.«
Luhmann, »Die Realität der Massenmedien«, 85

Werbung ist Formsache. Attraktive Formen können Informationen »verdichten«, sie leuchten unmittelbar ein und verhindern damit Rückfragen. Eine weitere »Unsichtbarmachung« erfolgt durch einen paradoxen Sprachgebrauch der Werbung. Man kann sparen, indem man Geld ausgibt, es gibt Exklusivität für jedermann. »Versteckt« werden kann auch das beworbene Objekt, das erst herausgefunden werden muss. So werfen etwa einfarbige Werbeflächen die Frage auf: »Was steckt dahinter?« – und fördern damit zugleich die Erinnerung.

Die »latente Funktion« von Werbung besteht laut Luhmann in der Herstellung von Kriterien des guten Geschmacks für jene, die ihn von sich aus nicht mehr haben: Werbung liefert »Urteilssicherheit in Bezug auf die symbolischen Qualitäten von Objekten und Verhaltensweisen. Die Nachfrage findet man heute auch und vor allem in der Oberschicht, die durch schnelle Aufstiege und unregulierte Heiratspraktiken nicht mehr weiß, wie sie als Vorbild wirken kann.« (GdG, 1105) Indem Werbung also Zugehörigkeitsgefühle vermittelt, erfüllt sie auch eine sinnstiftende Funktion.

Die verschiedenen Programmbereiche der Massenmedien sind untereinander vielfach strukturell gekoppelt: So werden nachrichtliche Berichte tendenziell unterhaltsam geschrieben, ebenso, wie Sensationsnews nach ihrem Unterhaltungswert ausgewählt werden. Die Werbung muss Bekanntes aus Unterhaltung und Nachrichten mit einbeziehen, um Erinnerungseffekte erzielen zu können. Auch mit anderen Funktionssystemen sind die strukturellen Kopplungen zahlreich: Hier paaren sich zum Beispiel Werbung und Wirtschaft, Unterhaltung und Kunst, Nachrichten und Politik. Den gemeinsamen Nenner – und damit die Funktion der Massenmedien – bildet die Schaffung einer eigenen, quasi »objektiven« Realität ohne Zustimmungszwang. Die Massenmedien erzeugen eine Art allgegenwärtigen Informations-Background, auf den man sich berufen und vor dem man sich mit persönlichen Meinungen und Idiosynkrasien profilieren kann. Als eine Art »Gesellschaftsgedächtnis« ermöglichen die Massenmedien der modernen Gesellschaft also eine Selbstbeobachtung – und prägen diese zugleich.

Wer allerdings eine Art »Gleichschaltung« vermutet, lässt sich von Fehlinformationen leiten. Zwar kann man sagen, dass vor dem Fernseher alle psychischen Systeme gleich sind und in der Tat geradezu »gleichgeschaltet«. Doch dieser Sachverhalt schließt ja keine Meinungsverschiedenheiten aus. Eher im Gegenteil: Ununterbrochen produzieren die Massenmedien neues Dissenspotenzial. Es kommt also eher zu einer Beschleunigung der wechselnden persönlichen und gesellschaftlichen Vorprägungen.

Weiter verstärkt werden solche Effekte durch die zusätzlichen Kommunikationsmöglichkeiten der »neuen Medien«, die zugleich wahrnehmungsnäher und »sozialferner« sind: So werden »die menschlichen Körper (jedenfalls beim gegenwärtigen Stand der Technik) an die Anschlussstellen gebunden, auch wenn es tragbare Geräte sind. Das könnte, ähnlich wie beim Fernsehen, dazu führen, dass die Zufallskontakte frei herumlaufender Körper abnehmen.« (GdG, 309) Geht man von Kommunikation als Synthese aus Information, Mitteilung und Verstehen aus, bedeutet das zugleich, dass die Differenz zwischen Information und Mitteilung geringer wird: Wird immer weniger durch mündliche Rede kommuniziert und immer mehr via Bildschirm und Display, droht sich der Mitteilungsaspekt der Kommunikation zu verflüchtigen. Als eine Art Behelfslösung für diesen Wegfall

Geschmacksbildung

»Zu den wichtigsten latenten (aber als solche dann strategisch genutzten) Funktionen der Werbung gehört es, Leute ohne Geschmack mit Geschmack zu versorgen. Nachdem es sich als unmöglich erwiesen hat, Bildung in Geld umzusetzen, hat die umgekehrte Möglichkeit, Geld als Bildung erscheinen zu lassen, immerhin gewisse Chancen.« Luhmann, »Die Realität der Massenmedien«, 89 ließen sich »Stimmungs«-Icons wie Smileys in Mails und SMS-Botschaften betrachten. Jedenfalls manövriert sich die moderne Gesellschaft damit zunehmend in Bereiche, in denen es nicht mehr um Selektion *in* der Kommunikation, sondern *für* die Kommunikation geht.

Ein weiteres Charakteristikum der modernen Gesellschaft ist laut Luhmann die Tatsache, dass alles auf der Ebene der Beobachtung zweiter Ordnung pasiert. Alles hängt davon ab, welche Beobachter man beobachtet und in welchen Kontexten kommuniziert wird. Dabei haben neuere Kommunikationstechnologien kaum zu überschätzende Wirkungen. Sie verringern zwar die Bedeutung des Platzes, von dem aus man etwas sieht – ohne dadurch jedoch Zweifel an der Realität des Geschehens zu wecken. So bescheren die Massenmedien der modernen Gesellschaft eine Art Kommunikations-Overkill: Es gibt nur noch eines, was nicht kommuniziert werden kann – Aufrichtigkeit.

Ära der Kommunikation
»An die Stelle der Phänomenologie des Seins tritt die Phänomenologie der Kommunikation.«
Luhmann, »Die Gesellschaft der Gesellschaft«, 306

Luhmanns Beobachtungen machen deutlich, wie die Realitätsbeschreibungen der Massenmedien eine Eigenrealität erzeugen, an der sich die Gesellschaft orientiert. Ob man will oder nicht: Man ist, mehr oder weniger, informiert und setzt diesen Informationslevel auch bei Anderen voraus. Daher wirkt die öffentliche Meinung »wie ein Spiegel, auf dessen Rückseite ebenfalls ein Spiegel angebracht ist ... Der Spiegel selbst ist intransparent.« (GdG, 1102)

Ausblick: Eine Theorie für das dritte Jahrtausend

Die Beobachtung der systemtheoretischen Beobachtungen zeigt, wie Luhmann Gesellschaft beobachtbar macht. Die Systemtheorie bildet dabei selbst ein System mit systemeigenen Umwelten, die Luhmann selektiv integriert hat, um die Evolution seiner Theorie mit Variation zu versorgen – von Maturanas Autopoiesis-Konzept bis zu George Spencer Browns logischem Kalkül mit der Aufforderung: »Triff eine Unterscheidung!« Die Unterscheidung, die hier gewählt wurde, nämlich »Systemtheorie/nicht Systemtheorie«, ist auch ein Appell für eine Entscheidung: für das Wagnis Systemtheorie, das, wie das »Wagnis Liebe«, nicht immer einfach ist, aber einen hohen Output in Sachen Problemorientierung und -lösung garantiert.

Die interne Vernetzung der Systemtheorie ist so felsenfest und flexibel, so präzise und plausibel, dass sie die Beobachtung sämtlicher Gesellschaftsgefilde möglich macht. Dazu machen die hohe Abstraktionslage und die unbestechliche Selbstreflexion die Theorie geradezu unantastbar: Wer die Systemtheorie beobachtet, muss sie mit systemtheoretischer Brille beobachten, und die theorieimmanenten Widersprüche hat der Selbstbeobachter Luhmann bereits selbst offen gelegt und aufgelöst.

Das ist der Vorteil der »Supertheorie«: Luhmanns Systemtheorie ist nicht nur eine Theorie sozialer Systeme und eine Theorie der Gesellschaft, sondern außerdem Beobachtungstheorie, Differenzierungstheorie, Zeit- und Evolutionstheorie sowie Medien- und Kommunikationstheorie. Hinzu kommen die Theorien der Funktionssysteme, die Analysen gesellschaftlicher Semantiken und der eigene erkenntnistheoretische Ansatz des operativen Konstruktivismus.

Gäbe es eine Art Champions League in Sachen nachmetaphysischer Theoriebildung, wäre Luhmann der Siegerpokal auf unbestimmte Zeit sicher – und es fragte sich, wer überhaupt als Gegner in Frage käme. Schließlich findet man Weltkonstrukteure von diesem Kaliber ansonsten höchstens im Bereich der Kunst. Ähnlich wie zum Beispiel James Joyce ging es Luhmann nicht um die Spiegelung der bestehenden Welt, sondern um die Schaffung einer neuen.

Eben deshalb macht die Luhmann-Lektüre vor allem staunen – über die theoretische Tiefenschärfe und kristalline Klarheit der Theorie, über den eleganten Denkstil und die abenteuerliche Belesenheit des Autors, über das Fehlen jeglichen Bekehrungseifers und jeglicher Ressentiments. Statt auf emotionales Engagement

Gesellschaft verstehen

»Es geht also nicht um Ablehnung oder Zustimmung zu dieser Gesellschaft, sondern um ein besseres Verständnis ihrer strukturellen Risiken, ihrer Selbstgefährdungen, ihrer evolutionären Unwahrscheinlichkeit.«

Luhmann, »Archimedes und wir«, 155

setzt die Systemtheorie auf Sachlichkeit, Skepsis und Distanz, statt Fundamentalismus und Moral propagiert sie Relativismus und ironische Unaufgeregtheit. Eine Coolness, für die sich auch und gerade nonkonformistische Gemüter erwärmen können.

Die Nachbardisziplinen der Soziologie haben dieses Potenzial der Systemtheorie schon lange erkannt und zu nutzen gelernt. So gibt es kaum einen Bereich – einschließlich der Theologie –, in dem Luhmanns Theorie noch nicht für produktive Irritationen gesorgt hat. Als eine Art pluralistischer Theoriemix ist die Systemtheorie ja auch prädestiniert für interdisziplinären Export. Nicht zuletzt deshalb hat sie, im Gegensatz zu den meisten anderen Theorien, das Prädikat »besonders haltbar« verdient. Wer es also wagt, sich der zunächst abschreckenden Komplexität der Systemtheorie zu nähern, wird seine blinden Flecken minimieren können – und darf »Ich sehe was, was du nicht siehst« statt »Blindekuh« spielen.

Vergleichs-Maschine

»Das Theorieangebot ist daher im Kern: Klarheit der Außenabgrenzung und Vergleichbarkeit des Verschiedenen.«

Luhmann, »Die Kunst der Gesellschaft«, 8

Die Anschlussfähigkeit der systemtheoretischen Beobachtungen wird auch in Zukunft für fruchtbare Forschungen sorgen, zumal noch mit weiteren posthumen Luhmann-Publikationen zu rechnen ist. Angeblich fanden sich in Luhmanns Arbeitszimmer nach seinem Tod noch Berge von unpublizierten Manuskripten. Drei Bücher aus dem Nachlass sind bereits erschienen: »Die Politik der Gesellschaft«, »Die Religion der Gesellschaft« (beide 2000) und »Das Erziehungssystem der Gesellschaft« (2002).

Am Ende fragt sich, was wohl noch alles in Luhmanns legendärem Zettelkasten schlummert, der ja gewissermaßen als Systemtheorie-Schreibmaschine funktionierte. Wer aber könnte den Kasten kontrollieren bzw. mit ihm kommunizieren? Dazu der Meister selbst: »Die Innenkenntnis des Theoriewerks ist beim Autor natürlich größer als bei jedem anderen. Und wenn der Autor die Theorie nicht weiterschreibt, wird das kein anderer können.« (Auw, 23) Nach dem Tod des Theoriekönigs kann es wohl nur einen legitimen Thronfolger geben: die Theorie selbst. Dieses riesige Netzwerk, ebenso reißfest wie variabel gesponnen, sichert die erfolgreiche Evolution der Systemtheorie – und garantiert weitere überraschende Einsichten in die Genese der Gesellschaft.

Das hochkomplexe Auflöse- und Rekombinationspotenzial von Luhmanns Theorie hilft, die Gesellschaft besser in den Blick zu bekommen. Durch ihre Komplexität und ihre paradoxe Anlage, durch ihre Möglichkeiten der Differenzierung und ihre Selbstbeobachtungen ist die Systemtheorie auf Augenhöhe mit der modernen Gesellschaft des dritten Jahrtausends.

Literatur:
Lohnenswerte Anschlusslektüren

Abkürzungen häufig zitierter Werke

Auw – *Archimedes und wir*

BewK – »Wie ist Bewusstsein an Kommunikation beteiligt?«

GdG – *Die Gesellschaft der Gesellschaft*

LaP – *Liebe als Passion*

SoSy – *Soziale Systeme*

WiK – »Was ist Kommunikation?«

I. Niklas Luhmann

Wichtige Werke

Soziologische Aufklärung, 6 Bände, Opladen 1970, 1975, 1981, 1987, 1990, 1995

Theorie der Gesellschaft oder Sozialtechnologie – Was leistet die Systemforschung? (mit Jürgen Habermas), Frankfurt/M. 1971

Gesellschaftsstruktur und Semantik. Studien zur Wissenssoziologie der modernen Gesellschaft, 4 Bände, Frankfurt/M. 1980, 1981, 1989, 1995

Liebe als Passion. Zur Codierung von Intimität, Frankfurt/M. 1982

Soziale Systeme. Grundriss einer allgemeinen Theorie, Frankfurt/M. 1984

Ökologische Kommunikation, Opladen 1986

Erkenntnis als Konstruktion, Bern 1988

Die Wirtschaft der Gesellschaft, Frankfurt/M. 1988

Die Wissenschaft der Gesellschaft, Frankfurt/M. 1990

Beobachtungen der Moderne, Opladen 1992

Das Recht der Gesellschaft, Frankfurt/M. 1993

Die Kunst der Gesellschaft, Frankfurt/M. 1995

Die Realität der Massenmedien, Opladen 1996

Die Gesellschaft der Gesellschaft, Frankfurt/M. 1997

Die Politik der Gesellschaft, Frankfurt/M. 2000

Die Religion der Gesellschaft, Frankfurt/M. 2000

Das Erziehungssystem der Gesellschaft, Frankfurt/M. 2002

Aufschlussreiche Aufsätze

»Die Autopoiesis des Bewusstseins«, in: *Soziale Welt* 36 (1985), S. 402-446

»Was ist Kommunikation?«, in: *Information Philosophie* 1 (1987), S. 4-16

»Wie ist Bewusstsein an Kommunikation beteiligt?«, in: Hans Ulrich Gumbrecht und Karl Ludwig Pfeiffer (Hg.): *Materialität der Kommunikation*, Frankfurt/M. 1988, S. 884-905

»Stenographie«, in: Niklas Luhmann, Humberto R. Maturana u.a., *Beobachter. Konvergenz der Erkenntnistheorien?*, München 1990, S. 119-137

»Kommunikation mit Zettelkästen. Ein Erfahrungsbericht«, in: Niklas Luhmann, *Universität als Milieu*, Bielefeld 1992, S. 53-61

Interessante Interviews

Archimedes und wir. Interviews, hg. von Dirk Baecker und Georg Stanitzek, Berlin 1987

Interview in: *Texte zur Kunst*, Vol. I, Herbst 1991, No. 4, S. 121-133

»Lieber leicht und elegant«, *taz*, 18./19.1.1997, S. 13

»Zettelkästen, fehlendes Schreibpersonal und die Arbeit an der Theorie«, *Frankfurter Rundschau*, 8.12.1997, S. 10

II. Weiterführende Literatur

Theodor M. Bardmann und Dirk Baecker (Hg.): »*Gibt es eigentlich den Berliner Zoo noch?*« Erinnerungen an Niklas Luhmann, Konstanz 2000

Peter Fuchs: *Niklas Luhmann – beobachtet*, Opladen 1992

Georg Kneer und Armin Nassehi: *Niklas Luhmanns Theorie sozialer Systeme. Eine Einführung*, München 1993

Detlef Krause: *Luhmann-Lexikon. Eine Einführung in das Gesamtwerk von Niklas Luhmann*, Stuttgart 1999

Walter Reese-Schäfer: *Luhmann zur Einführung*, Hamburg 1992

Dietrich Schwanitz: *Systemtheorie und Literatur. Ein neues Paradigma*, Opladen 1990

eva wissen

Kopp: **Asyl**
Prüfer/Stollorz: **Bioethik**
Redak/Weber: **Börse**
Roloff: **Demographischer Faktor**
Rudhof: **Design**
Nemeczek: **documenta**
Krauß: **Doping**
Schmidt-Semisch/Nolte: **Drogen**
Oswald: **Europa**
Seibert: **Existenzialismus**
Wagner: **Familienkultur**
Blecher: **Fotojournalismus**
Hirschmann: **Geheimdienste**
Riewenherm: **Gentechnologie**
Schroedter: **Globalisierung**
Gröndahl: **Hacker**
Metzger: **Islamismus**
Dillmann: **Jüdisches Leben nach 1945**
Behrens: **Kritische Theorie**
Meschnig: **Markenmacht**
Sienknecht: **Menschenrechte**

Lanz/Becker: **Metropolen**
Terkessidis: **Migranten**
Luks: **Nachhaltigkeit**
Arns: **Netzkulturen**
Heitmann: **Neue Weltordnung**
Renner: **1968**
Koch: **New Economy**
Manzel: **Planet Erde**
Diederichs: **Polizei**
Büsser: **Pop-Art**
Ernst: **Popliteratur**
Büsser: **Popmusik**
Behrens: **Postmoderne**
Manzel: **Relativitätstheorie**
Feige: **Science Fiction**
Leyrer: **Sexualität**
Müller: **Sozialismus**
Schuldt: **Systemtheorie**
Hirschmann: **Terrorismus**
Sager: **Wasser**

Bildnachweis:
S. 71: © Detlef Horster

Bibliografische Information Der Deutschen Bibliothek

Die Deutsche Bibliothek verzeichnet diese Publikation in der Deutschen
Nationalbibliografie; detaillierte bibliografische Daten sind im Internet über
http://dnb.ddb.de abrufbar

© der 2. Auflage: Europäische Verlagsanstalt, Hamburg 2006
© Europäische Verlagsanstalt | Rotbuch Verlag, Hamburg 2003
Umschlag: Bayerl & Ost Frankfurt am Main
Abbildung: M.C. Escher »Drawing Hands«, © Cordon Art B.V., Baarn
Herstellung: Das Herstellungsbüro, Hamburg
Druck und Bindung: Fuldaer Verlagsagentur
Alle Rechte vorbehalten
Printed in Germany
ISBN 3-434-46153-1

Informationen zu unseren Verlagsprogrammen finden Sie
im Internet unter www.europaeische-verlagsanstalt.de